Die Versuchung des Normalen

Die Versuchung des Normalen

Autoren stellen sich ihrer Geschichte

Herausgegeben von Ulrike Kolb

tende

1986 tende
Basaltstraße 44 6000 Frankfurt/M.
Mitwick 17 4408 Dülmen

ISBN 3 88633 091 5
Umschlaggestaltung Claus Seitz

Inhalt

Ulrike Kolb

Die Versuchung des Normalen

Der kritische Teil der Nachkriegsgeneration hat es keineswegs unterlassen, über Krieg und deutsche Vergangenheit einen gründlichen Diskurs zu führen. Aber theoretische Einsicht und das eigene Verhältnis zur Geschichte waren nicht immer eins. Die Aufbaustimmung nach dem Krieg hatte es leicht gemacht, der Versuchung zu erliegen, Geschichte und Gegenwart für normal zu erklären – normal im Sinne von *nicht nötig, darüber nachzudenken.*

Soweit die Eltern *Durchschnittsdeutsche* waren, haben sie ihren Kindern wenig oder von Auslassungen Verfälschtes über die jüngste Vergangenheit erzählt. Die Folge war eine unfaßbare emotionale Geschichtslosigkeit der Nachgeborenen. In Familien, Die Widerstand leisteten oder verfolgt wurden, sind Krieg und Nationalsozialismus auf nähere, wahrhaftigere Weise vermittelt worden und ins Bewußtsein gedrungen.

Heute ist der zeitliche Abstand groß genug, um einen distanzierten Blick auf die Geschichte zu ermöglichen – eine Distanz, die neue, auch persönliche Erinnerungsräume öffnet.

Uta Steinbicker
Die Mythen wollen nicht sterben

Mamilein, sollte ich sie nennen. Weihnachten war ihr Lieblingsfest, Rilkes *Cornet* ihre Lieblingslektüre, dann nach dem Krieg die Lesemappe. Ob Anastasia wirklich die Tochter des Zaren war oder nicht, bewegte sie sehr. Für mich legte sie ein Tagebuch an, Utilein macht Bäuerchen, trug Gewicht und Kinderkrankheiten ein zwischen gepreßten Trümmerblumen. Das Weltgeschehen fand keinen Einlaß. Das Haar, früh ergraut, verbarg sie im Krieg unter einem Turban. Nach der Kapitulation färbte sie es, sanft onduliert, blond. Das war das Schönste am Nachkrieg, auch ohne Friedensvertrag möglich. Mamilein, die den Diminutiv liebende, doch durchaus beherzte Frau, kannte die Kapitulation nicht. Sie handelte entschlossen, bisweilen, was die Rettung von Hab und Gut betraf, waghalsig. Mehrfach verdanke ich ihr, jetzt kann ich es sagen, da sie bald zwanzig Jahre tot ist, mein Leben. Bringt mich zu einem Datum auf die Welt, von dem es heißt: *1942. Seit März britische Groß-Luftangriffe auf deutsche Städte und Rüstungszentren (später auch amerikanische). Übergang zu Luftangriffen zwecks Demoralisierung der Zivilbevölkerung und zur Zerstörung ihrer Wohn- und Arbeitsstätten.*

War Mamilein demoralisiert? Das kann man nie wissen, würde sie sagen, wer blickt schon in das Herz eines Menschen. Sie hatte ihre Lebensphilosophie. Das Dunkle im Dunklen lassen und das... Hier müßte ich sie fragen können. Sprach sie vom Lichten? Trotz Rauschgoldengeln, Weihnachtsweisen, den sparsam benutzten Kerzen, noch Jahrzehnte nach Kriegsende hoben wir die Kerzenstummel fürs nächste Jahr auf, kann ich mir, an sie denkend, Licht nur in Verbindung mit Glühbirnen vorstellen, mit denen sparsam umzugehen sie mich gleichfalls ermahnte. Ich gebe die Mahnungen an meinen bedenkenlosen Sohn weiter. Die Glühbirne, das Licht der Normalität, eingeheckt zwischen Kunst und Kitsch, liebte sie vor allem diese. Und der Krieg, war nicht auch er etwas Normales, Alltag, der zu bewältigen war? Sie hatte keine Zeit, Fragen zu stellen. Fraglos zu handeln, die Devise der Deutschen, galt selbstverständlich für sie. Die Geburt, unerwartet langwierig und kompliziert, glückte schließlich doch. Nicht nur beim BDM hatte sie Sport getrieben, körperliche Arbeit packte sie allemal, Wehen ein Wort, über das man im Krieg bloß lachen konnte. Nur daß ich kein Sohn war, schmerzte sie. Warum? Weil der Mann, mein Vater, nicht da war, ich in seine Lücke hatte springen sollen? Nur sein Foto, vom Paßfoto auf Postkartenformat vergrößert, war immer, gewiß auch bei der Geburt, dabei. Das Hakenkreuz auf der Offiziersmütze hat sie danach nicht wegretuschieren lassen, wie ihre Bekannten rieten. Es ist wie es ist, hieß eine andere Lebensweisheit.

Bündig gesprochen, war es doch schwer, die Wirklichkeit darein zu verpacken. Schon in der Volksschule, wo unsere Eltern im Klassenbuch mitgeführt wurden, war dieser Vater ein Problem. Zar waren Geburtsort und Geburtszeit und damit seine einst vorhandene Existenz einwandfrei. Ganz und gar dunkel dagegen Zeit und Ort seines Todes. Artig gab ich weiter, was sie behauptete: 1941 +. Das war das Jahr, in dem sie ihn für tot erklären ließ. Noch heute fühle ich die Scham, wenn ich an den zweifelnden Blick des Lehrers angesichts der Diskrepanz zwischen dem Todesdatum meines Vaters und meinem Geburtsdatum denke.

Dabei war das Alibi meiner Mutter lückenlos. Im dritten Monat schwanger, war sie mit meinem Vater in die Berge gefahren, in das ins Reich heimgekehrte Österreich, so etwas wie eine verspätete Hochzeitsreise. Geheiratet hatten sie bei Kriegsausbruch, doch mittlerweile hatte man sich an den Krieg gewöhnt, man wagte wieder zu verreisen. Vollpension gab es und schönes Wetter und der See war einfach wundervoll, ich kenne ihn nur aus dem Heimatfilm, den Wörthersee, denn nie wieder fuhr sie dorthin. Täglich hatten sie am Wasser gesessen, die Bank noch warm von der Spätsommersonne und ihr Bauch schon leicht gewölbt, die Zukunft war ihnen so sicher wie die des 1000jährigen Reichs. Daß es dahinter die jugoslawische Grenze gab, die nach dem Willen der deutschen Machthaber nicht länger existierte, und die, wie sie es nannte, unverbesserlichen Partisanen, es hätte sie nicht gestört, sie wollten nur abschalten, vom Krieg und von allem. Gewiß wären sie gut erholt zurückgefahren, hätte er nicht am letzten Tag das sichere Ufer verlassen. Er wolle nur einen kleinen Spaziergang in die Berge machen, sie könne ja schon mit Packen anfangen, er wäre rechtzeitig zurück. Er kam nicht zum Mittagessen und auch nicht zum Abendessen, nie hat sie sagen können oder wollen, was sie gefühlt hat in dieser Nacht und in den darauffolgenden Nächten und dann, als sie allein nach Hause fuhr, mit mir im Bauch. Auch hat sie nie gesagt, ob sie ihm diesen Spaziergang verziehen hat und den Bergjägern, die bald die Suche abbrachen, ein Menschenleben mehr oder weniger im Krieg, dafür sei das Risiko zu hoch. Vermutlich wollte auch sie kein Risiko, hielt fest an der Normalität: Sie hatte das Kind zu gebären.

Vielleicht hätte auch ich diesen vaterlosen Zustand als normal hingenommen, hätte es nicht plötzlich nach Kriegsende überall wieder Väter gegeben. Kriegsheimkehrer nannte man sie, so als sei das eine Berufsbezeichnung. Wo aber blieb mein Vater? Ist er gefallen? Das sagten Kinder oft von ihren nicht vorhandenen Vätern. Auch wenn ich dabei nur an aufgeschlagene Knie dachte, ganz falsch war das Bild nicht. Nein, sagte sie, ließ mich im Dunkeln. Sie sagte aauch nicht, er ist verunglückt. Damit hätte ich etwas anfangen können. Leute verunglückten bei Verkehrsunfällen, im Bergwerk, manchmal gab es ein Flugzeugunglück. Das ‚verunglückt' hatte im Gegensatz zu ‚gefallen' etwas genau Umgrenztes, Präzises. Immer wieder verunglückte der Sonntagsbraten. Auch sagte sie nicht einfach: Er ist gestorben, das widersprach ihrem Gefühl von Wahrhaftigkeit. Zwar hatte sie ihn, nicht ein Vierteljahr war vergangen, für tot erklären lassen, Kind, es ging um unsere Pension, irgendwovon mußten wir leben, pflegte sie, meine nie geäußerten Vorwürfe ahnend, zu sagen. Aber ohne seine Leiche gefunden zu haben, ohne das Zeugnis eines Kriegskameraden, wie er von seiner Seite gerissen ward, war er auch für sie nicht gestorben. Verschollen, bezeichnete sie seinen Zustand, das Vage, das die Hoffnung erlaubte. Später, ich ging schon zur Oberschule, ergänzte ich für das Klassenbuch eigenmächtig: In den Karawanken verschollen. Die Ortsangabe machte das Verschollen nicht faßbarer, doch verwischte es die Schmach. Karawanken, das klang wie Karawanen, Märchen aus 1001-Nacht, geheimnisvoll romantisch, eine nebulöse Wolke, die sich vielleicht doch einmal lichten würde.

Ich weiß nicht, ob ich es mir tatsächlich wünschte. Ein Vater, der in den Wolken schwebt, beinahe Gottvater, schon bald gefiel er mir besser als die wirklich heimgekehrten, die sich in dem Dorf, in das wir evakuiert worden waren, ausbreiteten. Ihre Gesichter hatten die Farbe der Uniformen angenommen. Wenn die Sonne schien, ließen sie Arm- und Beinstümpfe bescheinen, drohten uns Kindern mit Krücken und Glasaugen, die sie unerwartet aus der Höhle rissen. Und so wie sie sein Bild mit Blumen und Kränzen schmückte, ihm täglich mit dem Handrücken Staub von der Nase wischte, trotz Sparsamkeit nicht nur zur Weihnachtszeit eine Kerze vor ihm anzündete, die sich in der Offiziersmütze spiegelte, wußte ich, daß auch sie es so in Ordnung fand. Er übergoß uns mit Liebe, Verständnis, war genauso gemütvoll wie wir.

Erst als ich anfing, das Gemütvolle zu hassen, mißtraute ich dieser Liebe. Nicht seiner, die blieb unermeßlich. Doch sie, wir waren in die Stadt gezogen, färbte sich die Haare immer blonder, schminkte Lippen und Wangen, hatte ein Volksbühnenabonnement, ging sogar zu wissenschaftlichen Vorträgen, um, wie sie selbst gestand, Ausschau zu halten. Da sie nichts fand, stieß sie mich in die Rolle, zwang meine Haare in Dauerwellen, verpaßte mir Kleider mit tiefem Ausschnitt, obwohl, anders als bei ihr, nichts von schwellender Brust zu sehen war. Ich sollte für sie den Bräutigam heimholen.

Ich glättete das Haar mit Pemenade, legte kalkweiße Creme auf die Lippen, verbarg mich bis zu den Knien in schwarzen Pullovern, niemals würde ich ihn verlassen. Witzzeichnungen verkehrten sich in ihr Gegenteil. Nicht der Ehemann stieß die arglos den Ausblick genießende Ehefrau in den Abgrund, sie war es, die ihm gefolgt war, um ihn rücklings zu ermorden, daher die Eile der Toderklärung. Doch da ich ihn auf keinen Fall tot wollte, ließ ich ihn erretten. Lange Zeit lebte er wie Heidis Almöhi als Senner in den Bergen, darauf wartend, daß ich mich endlich von ihr losrisse, um zu ihm zu eilen. Später, als ich ihr häusliches Terrorregime mit dem deutschen identifizierte, noch mit zwanzig zwang sie mich zu sich ins Ehebett, grub versessen ihren Lebenstraum in mich, kein Winkel, in dem ich ungestört war, wurde er zum Widerstandskämpfer. Er hatte sich den Partisanen angeschlossen, kein Wunder, daß man die Leiche nicht fand, nun erwartete er ordensgeschmückt die selbstverständlich sozialistisch gesonnene Tochter.

Doch das strahlend schöne Bild meines gegen Nazi-Schwadronen Dynamit legenden Vaters kollidierte mit neuem Wissen. Sein Beruf, den ich so lange stolz ins Klassenbuch neben das Sonderbare „in den Karawanken verschollen“ hatte eintragen lassen, wurde, stärker noch als die Diskrepanz zwischen seinem Todes- und meinem Geburtsdatum, zu neuen Schmach. Staatsanwalt, sie hatte mir beigebracht, stolz darauf zu sein, sie war die einzige Akademikerwitwe in dem Dorf, ich das einzige Akademikerkind, was meinen miderwertigen Halbwaisenstatus milderte. Auch betonte sie stets, daß er Staatsanwalt und nicht Rechtsanwalt geworden sei, denn selbstredend war er viel zu edel, um gegen schnödes Geld Verbrechern zur Freiheit zu verhelfen. Er sorgte dafür, daß das Gesetz vollzogen wurde. Was ahnte ich, welches Gesetz, ich war froh, einen solchen Vater zu haben. Die anderen Väter, die das Vaterland verteidigt hatten, denn so hieß es unverändert weiter, verschwanden hinter diesem das Gesetz wahrenden Vater.

Eine ihrer Theorien, sie hatte mehrere, denn auch sie wollte sich nicht mit einem schlichten Bergunglück begnügen, hatte für das kleine Mädchen nichts Anstößiges gehabt, ja, sie gefiel mir besonders gut. Im fernen Thorn, in dem er gewirkt hatte und mich gezeugt haben muß, stets klang für mich Thorn wie

Thron und auch im Erkunde- und Geschichtsunterricht konnte ich diesen Thron nie in Polen verorten, hatte er nicht nur Freunde. Wer für das Gesetz eintritt, macht sich die Gesetzlosen zum Feind. Schon lange hätten diese Feinde ein Attentat auf ihn geplant, seien ihm bis nach Österreich gefolgt, um ihn dort in einem unbeobachteten Augenblick, was gab es Günstigeres als einen einsamen Spaziergang, zu ermorden. Ich hörte nur heraus: Was für ein bedeutsamer Mann mußte mein Vater gewesen sein, daß man eigens für ihn Meuchelmörder aus dem fernen Thorn in die fernen, doch ganz woanders fernen, Karawanken aussandte! Und wieder verblaßten die für das Vaterland Gefallenen hinter solch einem Vater. Daß wir dennoch nicht an dieser Theorie festhielten, lag an dem schnöden Mord, der die Wiederauferstehung unter profanen Umständen unmöglich machte.

Die Offenbarung derartiger Theorien stand übrigens nicht im Widerspruch zu ihrer Philosophie, das Dunkle im Dunklen zu lassen. Sie war Bestandteil eines Rituals, das besonders gern an meinem Geburtstag vollzogen wurde, so als ermögliche es *seine* Teilnahme. Und tatsächlich schien es, als lächele das myrtengeschmückte Foto uns an diesen Tagen zu, das zwischen Offizierskragen und Offiziersmütze starr geradeaus blickende Gesicht wurde warm und menschlich. Er hatte als Staatsanwalt in jenem sagenumwitterten Thorn die Uniform eines Nazi-Majors getragen, ohne in den Krieg zu müssen. Auch das sei, versicherte sie, ganz normal gewesen. Ich fragte nicht nach. Je weniger sie erklärte, desto müheloser vermochte mein Vatermythos Widersprüchliches aufzunehmen.

Nun aber war die Zeit der Demontage gekommen. Ich studierte. Es war nicht mein, sondern ihr Wunsch, die Universität war ein ausgezeichneter Heiratsmarkt. Doch einmal ihr entkommen, nutzte ich die Chance der Rache. Meine Freunde waren beim SDS, nichts Schlimmeres konnte ich ihr antun, es sei denn, ich wäre selbst Mitglied geworden. Ich wurde es nicht, denn die erste Aktion, an der teilzunehmen meine Freunde mich aufforderten, war an einer Dokumentation über die Nazi-Justiz mitzuarbeiten. Ich wollte nicht auf den Namen meines Vaters stoßen. Fortan verschwieg ich seinen Beruf, was, da es ihn nicht gab, nicht schwer war. Was sollte ich für diesen Vater, den ich nicht kannte, verantwortlich sein?

Das Verdrängen eines toten Vaters ohne Vatermord gelingt nicht ohne Schuld. Ich häufte sie zentnerschwer auf meine Mutter. Sie war freiwillig in der NSDAP gewesen, sie hatte ehrenamtlich in der NSV-Frauenschaft gearbeitet, sie hatte an den Führer geglaubt, sie hatte skrupellos behauptet, von allem nichts gewußt zu haben, sie hatte ihn dazu gebracht... Wozu? Immer noch saugte ich gierig ihre Halbwahrheiten ein. Aber Kind, er war doch ganz unbedeutend, jeder mußte zu Beginn seiner Beamtenlaufbahn in die Gebiete, er hatte nur mit harmlosen Hühnerdiebstählen zu tun. Welche Strafe forderte ein deutscher Staatsanwalt in Majorsuniform für einen polnischen Hühnerdieb, hörte ich meine Freunde fragen. Überall in unserer Wohnung glaubte ich, Beutestücke der Opfer zu entdecken. Ich fuhr nicht mehr nach Hause.

Die Operation, von der sie schrieb, war eine Bagatelle, eine harmlose Krampfaderoperation. Ich ignorierte ihre Bitte, zu ihr zu fahren. Man verständigt mich erst nach ihrem Tod. Alles sei planmäßig verlaufen, ihr Zustand nach der Operation nicht besorgniserregend, dann in der Nacht darauf sei, unvorhersehbar, eine Hirnembolie eingetreten. Man sagt mir nicht: Sie könnte leben, wenn Sie bei ihr gewesen wären.

Das Foto mit der Nazi-Uniform habe ich verbrannt, Weihnachten ist mir abgrundtief verhaßt. Mein Sohn ist noch zu klein, um nach den Großeltern zu fragen, aber er besteht auf dem Tannenbaum. Ich weiß nicht, was ich ihm erzählen werde, wenn er mich einmal fragt. Beim Schreiben dieses Textes merkte ich, wie sehr diese Großeltern, meine Eltern, Repräsentanten der deutschen Vergangenheit sind und wie wenig ich diese Vergangenheit „bewältigt" habe. Dort, wo in meiner Erinnerungssuche mit unerwarteter Schärfe ihre Lebensgeschichte und *die* Geschichte zur Einheit werden, will sogleich das alte Gefühl von Schuld und Mitleid, Liebe und Haß die Erkenntnis austilgen. Einmal bin ich mit meinem Kind nach Jugoslawien gefahren, auf jener als Autoput gefürchteten Straße entlang den Karawanken. So wenig ich in diesen Bergen, die sich nicht von den anderen Gebirgsmassen unterscheiden, die geheimnisvollen Karawanken meiner Kindheit zu erblicken vermochte, so wenig gelingt es mir, daß der Satz „Meine Eltern waren Nazis" tatsächlich Gesicht bekommt: das müde zerstörte Gesicht meiner Mutter, das, da phantasierte, ewig junge Gesicht meines Vaters. Eher bin ich bereit, sie anzuklagen für das, was sie mir antaten: Der Vater, der mich, willentlich oder nicht, verließ, so daß ich bei jedem Mann, den ich liebe, die Wiederholung annehme; die Mutter, die durch mich unerbittlich die Wiedergutmachung ihres Lebens verlangte, und die mit ihrem Tod ihr Lebensziel erreichte – daß die Tochter sich nicht von ihr befreien kann. Hier wage ich es, sie verantwortlich zu machen, sie ‚die bösen Eltern' zu nennen. Sie einzureihen in die Masse der Täter, Handlanger, Mitläufer bleibt ein mir eingefleischtes Tabu, dessen Verletzung die Vernichtung dieser toten Eltern hieße. Alles in mir, obwohl und indem ich dies schreibe, rebelliert gegen die Einsicht: Ein Kind von Eltern zu sein, die auf grausam unverkennbare Weise der deutschen Normalität entsprechen. Ich möchte, wie meine Mutter, die Legendenbildung retten.

J. Monika Walther

Fluchtlinien
oder
Die Bänder um den Hals eines Menschen

Prolog

Meine Zunge wurde träge, mein Blick sah nicht weiter als bis zu den nach innen gekehrten Fußspitzen, meine Sinne richteten sich auf die Pflichten: Die Krankheit der Mäßigung hatte mich wie eine Seuche erfaßt,

Ich war mir eine zu getreue Freundin, war über einige Jahre hinweg die Gleiche, stehengeblieben, die Welt mit denselben Sinnen betrachtend. Ohne Verlangen nach anderen Zeiten, anderen Orten, nach Reichtümern, nach Menschen. Nach einem Kuß, nach einer Nacht, die ich hätte verschenken können, nach eigener und fremder Begehrlichkeit. None more night, denn ich war längst vergeben. Mein Herz klopfte gleichmäßig und langsam.

Ändern? Weitermachen? So fragen Fremde, bis die Wörter in einen dringen, verletzen, in Aufregung und Wut, Angst und Gier versetzen. So kann die Geschichte einer Suche beginnen nach den Anfängen der immer wiederkehrenden Lebensfehler, nach den Gründen für die Besessenheit der Gefühle, der Arbeit, der imaginierten Welten, für lebensergreifende Krankheiten, für tätliche Ohnmachten und Träume von Perversionen, für die Stummheit des Begehrens nach Wahrhaftigkeit – und das Verlangen nach Geschichtsbegründungen jenseits der Erzählungen in den verwandten Familien, der analysierenden Entschuldigungen der Gesellschaft und den Theorien des Guten, Bösen und Weltbewegenden, der Ideologien, die zu überleben helfen und den leidenschaftlichen Exhibitionismus des Lebens mit einem sehr kalten Leichentuch bedecken.

Begonnen werden kann so auch die Geschichte der Suche nach einer engagierten Distanz, nach dem Kunstwesen und Roboter in uns und dem, was uns in die Eiseskälte treibt und uns den Tod in Wüsten, Antarkten und Himmeln suchen läßt. Jeder ist Zuschauer seiner selbst als Exzentriker und reich wie arm an Möglichkeiten, die Welt zu erobern. One more night wäre, das Haben nicht gegen das Sein auszuspielen und umgekehrt, wäre humane Dialektik: Hinausgehen in die Welt, in die inneren Wüsten und äußeren Eismeere ohne Furcht um den Einsatz. Dorfroulette – gekonnt.

1.

Seitdem ich mir vor einem Spiegel die Haare, mich selbst verstümmelnd, millimeterkurz schnitt, meide ich Spiegel, die mich häßlicher erscheinen lassen als ich je war. Ich bin mittelgroß, hatte helles rötliches Haar, das ab meinem fünfundzwanzigsten Lebensjahr langsam ergraute und seine Farben verlor. Ich sitze und gehe vornübergebeugt. Die elterlichen Ermahnungen zum Aufrechtgehen waren kindheitslang äußerlich gemeint, selbst in den Zeiten, da von der Familie mir abverlangt wurde, die dickgebrockten Suppen der Mütter und Väter mitauszulöffeln. Meiner Neigung, rotzuwerden für meine und anderer Menschen ungeprüfter Peinlichkeiten, schäme ich mich rotwerdend. Mein Alter zeigt sich an der Haut der Hände und der Schlaffheit meines Bauches. In meinem Gesicht deuten die Falten sich erst an. Ich habe noch Zeit, meine Haut nicht zu Markte zu tragen. Ich wurde neunzehnhundertfünfundvierzig geboren im August, als eine Tochter einer Tochter aus gutem preußischem

Beamtenhause, das entstanden war – mit allen Irritationen – aus dem Rückzug von Kaufleuten und ehemaligen Güterbesitzenden in die staatliche Obhut.

Es gibt das Bild, das andere sich von einem Menschen machen und das Bild, das man in gutem oder bösem Glauben von sich selbst entwirft und dem man gerecht werden will und das, welches auf Spiegeln und Fotografien abgebildet ist. So lache ich gerne und blicke auf Fotografien dennoch meist ernst wie meine Eltern und deren Eltern. Sie wie ich in den üblichen Verkleidungen der Zeit. Fotografien von denen, die wegen der nationalsozialistischen Geschichte oder aus innerer Unruhe auswanderten, finden sich in keinem der Familienalben. Zuweilen wird auf einen jungen Mann in der dritten Reihe links außen gezeigt, ein Name genannt, eines Menschen sich mühselig erinnert, verschollen im Krieg, gefallen an Fronten oder in Straßenkämpfen der Weimarer- oder Faschistenzeit gefangengenommen, verschleppt, versehen mit einer Nummer, in seine Haut geritzt. Vielleicht befreit und ausgewandert. Von diesen jungen Männern und Frauen gibt es keine Hochzeitsfotos im Kreise der Verwandten. Von uns Nachgeborenen sind in den Familienalben kaum noch Fotografien zu finden. Wir haben die wenigen, noch stattfindenden Familienfeste versäumt, sind an die Ränder der üblichen Lebenswege gegangen.

Meine Fotogenität endet mit der Konfirmation. In meinem Besitz befinden sich noch vereinzelt abgebildete Situationen: eine Katze, eine Wohnung, ein Fahrrad in einem verschneiten Hinterhof. Kein einziges Foto gibt es von einem geliebten spanischen Mann, der unter Franco gefangen und getötet wurde, keines von einem sieben Monate alten Mädchen, begraben in einem Dorf in den Pyrenäen, erkrankt und gestorben an den Folgen dieses Krieges zwischen Guardia Civile und denkenden Spaniern. Kinokarten, Speisezettel, Hotelrechnungen, Benzinquittungen, Zeilen eines toten Vaters, Erbscheine, Nachlässe, Briefe aus spanischen, israelischen und deutschen Gefängnissen, Testamente, Röntgenbilder der eigenen Lungen, diese Papiere und Zettel sind meine Familienalbum.

Je älter ich wurde, lebte ich den Krieg, den die Gesellschaft gegen ihre Mitglieder führte, und fürchtete mich vor denjenigen, die von der Härte und Ordentlichkeit der Gesellschaft lebenslang beeindruckt bleiben. Ich lebte entlang einer Schmerzlinie. Schreiend, genießend und mich ängstigend, daß ich dem Beutefang der gesellschaftlichen Verführungen erläge, dem Treiben meiner Sinne und den Aufforderungen, mich verlocken zu lassen. Ich hatte den Wunsch, mich zu verschwenden, aber keine Sehnsucht nach der Lüge und Zauberei der Spiegel eines Lachkabinetts.

Es gab viele Situationen, da ich ein letztes Mal durch eine Wohnung ging, durch ein Haus, Fenster schloß, Habseligkeiten zusammentrug, umzog, packte, ein letztes Mal um mich schaute, mit den Augen nach einer gewohnten Himmelsrichtung blickte, langsam, mir wünschend, daß ich mir alles Gesehene merkte, mich verabschiedete, verabschiedet wurde, einen Abschied nicht verhindern konnte, begriff, daß Abschiede nicht nötig sind, außer die Abschiede in Kriegssituationen. Krieg als ein Ausflug an die Grenzen der gewohnten, aber auch verhaßten Ordentlichkeit, als eine Landpartie von männlichen und weiblichen Kameraden, die, ausgestattet mit technisch unperfekten Kameras, Bilder nach Hause bringen und auf dem Familientisch ausbreiten, Bilder, die mit schlüssellochgroßer Blende geschossen, Ausblicke zeigen auf die Schauplätze der Sehnsüchte anderer Ausflügler. Die Teilnehmer der Landpartie genossen den Krieg und blieben fasziniert von jeder Sekunde, die sie nicht gelebt und nicht begriffen hatten. Sie schlossen die Augen und verscheuchten die ersehnte Unordnung aus ihren Sinnen.

2.

In Trümmern habe ich gespielt. Helme und verrostete Pistolen gefunden, Trümmersteine umgedreht auf der Suche nach Dolchen, Gürtelschnallen und ausgeworfenen Gewehrpatronen. Später, als ich Geschichte und deutsches Radiowesen studierte, las ich vor allem Bücher über die geführten Kriege in allen Jahrhunderten, über die Phantasien der Militärs und darüber, wie Gerüchte und Nachrichten entstehen. Ein poetischer Leitsatz wie „Über das Füttern von Pferden. Literatur als Lebensmittel" muß von den Redakteuren des Deutschen Depeschen-Dienstes abgelehnt werden mit der Begründung, daß niemand sich etwas vorstellen könnte. So melden sie, was wir schon kennen und uns vorstellen können und wählen Formulierungen und Bilder, die wir kennen. Sie vermeiden wie wir, die Gedächtnisse der Archive zu plündern, um zu erfahren, was hinter den Tautologien und den Bildern und vor den Gefühlen war. Wie viele leben in der Sehnsucht, wenn sie sich selbst töten, auch gleich die ganze Welt zu töten. So muß bei uns der Mensch Suppen auslöffeln, auch wenn er sie nur als Vorspeise bestellt hat. Und das Auslöffeln ergibt nicht einmal den Genuß glamourhafter Ehre oder ein Gefühl der Völle, sondern es geschieht um der Suppensubstanz und des Prinzips willens.

Zum Abschluß meines Studiums schrieb ich mit teutonischer Uneleganz eine dreihundert Seiten umfassende Arbeit über die Erwachsenenbildung unter besonderer Berücksichtigung der Arbeiterbildung und ihrer Geschichte. Da ich die Bedeutung der KPD im Ruhrgebiet von 1947 bis 1949 nach Meinung meines ersten und maßgebenden Prüfers überschätzte und von anderem damals nicht zu überzeugen war, wandelte sich sein Wohlwollen in eine tiefe Abneigung, die zu einer Ablehnung der Arbeit geführt hätte, hätte ich nicht entdeckt, daß er, der Herr akademische linke Oberrat, unter der Obhut einer konservativen Professorin prüfungsberechtigt und titelverleihend arbeitete. Wie faule Eier ließen wir einander fallen, nachdem wir zuvor selbstgekochte harte Eier auf die Hüter des Staates geworfen hatten.

3.

Sie fuhren zwei Tage und zwei Nächte. Der Mann und die Frau begriffen erst jetzt, wie groß die Erde ist und wie lang die Zeit währt. Sie gewannen während dieser Fahrt die Hoffnung, daß sie es nicht nötig hätten, vor der Zeit zu fliehen, sondern im Gegenteil sie die Fähigkeit erlangen würden, sich ihr hinzugeben und zu Vorstellungen von der Langsamkeit des Glückes zu gelangen. Und: sie nützten die Zeit und sprachen miteinander. Sie beschrieben nicht die Unzahl ihrer ungenauen Wünsche, sondern begannen mit Mitteilungen über die Bäume und Häuser, die an ihnen vorbeihuschten und die sie von verschiedenen Plätzen aus mit unterschiedlichem Blickwinkel wahrnahmen.

Bei Unterhaltungen bin ich besänftigt von der Offenheit aller und enttäuscht von den Enthüllungen, denn der Authentizität des Sprechens dient beides nicht. Der andere ist fremd und muß also widerständig bleiben, es sei denn, ich wollte seine Vernichtung als der andere. Die offenen und angeblich ehrlichen Unterhaltungen zwischen Freunden sind eine raffinierte Art moderner Kriegsführung. Die dauernde Ergründung des fremden Ichs und die Frage *Wer bist du?* ist ein Zeichen davon, daß wir keine Zeit haben, nicht einmal für die Taktik und Strategie: service libre und sofort. Das zuweilen in Boulevardstücken dargestellte Ich auf der Couch des Analytikers als Wurst in dessen Mund scheint eine Wahrheit zu sein, die zu Gelächter reizt. Offenbar erwarten wir von uns nichts Gutes und projizieren dies auf die anderen und die Fremden. Der Schweinehund bleibt allemal der andere. Das Lachen verfliegt, die Tränen bleiben. Forschungsaufträge und Auslandsreisen als Kriege, die so massenhaft weder von KDF noch von Herrn Nekkermann anzubieten wären – Kriege als abenteuerliche Verschlingungen der anderen. Die Vorbereitungen auf Kriege und die offenen Aussprachen als erregendes und gleichzeitig einschläferndes Moment für die Bewegung der eigenen Geschichte. Noch einmal: Es gibt Unterhaltungen, die duften, glänzen, funkeln, schillern und hinterlassen den Eindruck, alles zuvor Ausgelassene sei gesagt worden. Diese Gespräche lassen einen gierig und hungrif zurück. Man weiß nicht einmal, ob man geschlagen oder geküßt wurde, ob es die Ratio war, die erregte oder die Projektion der möglichen Gemeinsamkeiten mit irgendwem. Und es gibt Unterhaltungen über den Duft einer Kamille, den Fischgeruch eines Papiers, den Geschmack eines Mousse-au-chocolat, über eine Geste, ein Omelett, einen Gang über die Straße, vielleicht sogar über die Suche nach einem Freund, gleich in welchem Dialekt, in welchen vielleicht fremden Bildern, aber man fühlt ein Glück, eine befriedigende Ruhe, nicht weil man bestätigt worden wäre, sondern weil eine winzige Gewißheit über einen Tatbestand, vielleicht über die Sekunde des Falls einer geplatzten und wollüstig duftenden Feige, in den gegenseitigen Mitteilungen gefunden wurde. Ich fühle mehr Gemeinsamkeit mit einem Menschen, mit dem ich in akzeptierter Fremdheit assoziiere oder über die duftende Feige spreche, als mit jemandem, der Seelen zu ergründen sucht, Worte interpretierend verschlingt, und nichts anderes hervorruft als die dumpfe Verwirrung, wie sie oft auch in Familiengesprächen zu erleben ist: alles hat seinen Ursprung in der Familie, aber nichts ist je ergründbar. Der Fall der Feige und ihr Aufplatzen wird zum kriegsauslösenden Faktor.

4.

Frimme Hersch führte zwei Kriege mit Gott, denn er hatte zwei Verträge mit Gott abgeschlossen. Gott ließ Frimme Hersch, dem sein Leben lang von anderen Gläubigen gesagt wurde, Gott wird es dir lohnen, im Stich, und Frimme Hersch warf seine in Stein geritzten Verträge aus dem Fenster der Droppsie Avenue 55, hörte auf gut zu sein, nahm sich eine Geliebte und verdiente einen Haufen Geld. Frimme Hersch war ein chassidischer Jude aus Rußland, erwählt von seiner Gemeinde, um in das Amerika der dreißiger Jahre auszuwandern. Er war schon, bevor er geboren wurde, dazu bestimmt, Kriege zu führen, sie zu erdulden oder vernichtet zu werden. Letztlich wollte Frimme Hersch das nicht einsehen, nicht begreifen, warum der Mensch nicht wenigstens von Gott seinen Frieden erhält. Frimme Hersch ist eine Comicfigur, das war sein Glück.

Wenn wir geboren werden, tragen wir die gleiche Haut, nicht in der Farbe, nicht in der Beschaffenheit, aber wir haben eine Haut, zuallermeist haben wir eine

Haut, die uns umgibt. Kaum haben wir einen Schritt getan, gehören wir kriegsführenden Parteien an und nur unser unterschiedliches Erinnerungsvermögen läßt uns so verschieden aussehen. Die einen lächeln noch immer, als hätten sie niemals der Mutter Hand verlassen, andere wissen mit allem Eifer zu sagen, wie die Welt beschaffen sein sollte und wie sie zu begreifen ist, und einige haben sich geschminkt, mit Parfüm eingerieben, besehen ihre Tätowierungen und bereiten sich auf immer neue Auftritte vor. Die Tode sind es, die eigenen oder fremden, die eigenes oder fremdes Beginnen ermöglichen. Aber fast alle Sensibilitäten sind inzwischen auch als Krankengeschichten niedergeschrieben und gesammelt. Und die Gedanken in unseren Köpfen werden nicht mitgeboren, aber sie sind da, vor dem ersten Schrei und der Entscheidung, denken zu wollen. Sie haben eine Geschichte, die über die Geschichte der Familie hinausgeht, und sie sind oft nur für uns neu und der Beginn eines Leidens und Staunens.

Als ich neunzehnhundertfünfundvierzig geboren wurde, flog ich durch die Luft und schlug mit dem Kopf auf einen Rinnstein. Ich blutete aus dem Mund und hörte als erste Wörter, daß jetzt keine Zeit fürs Gebären sei. Ich bekam den Familienauftrag, es mit dem Leben zu versuchen, womit schon zuvor keiner der Väter, Mütter und starken Brüder fertig geworden war. Sie waren erfolgreich, aber auch die erste Generation, die nach dem Glück suchte.

Ich, als Familienjüngste, sollte gesund sein, nicht jammern, gute Noten und Ansehen erwerben, immer aufrecht gehen und keine kindlichen oder anderen Umstände machen. Der noch immer blutende Kopf störte, aber das leise Weinen, erst aus Sentimentalität, später aus tieferem Gefühl heraus, das laute Schluchzen, das die Gesichter verzieht und erhitzt, wobei die Tränen auf der Haut brennen, das Weinen aus ganzem Herzen entlockt den Vätern, Müttern und auch einem selbst nur den Zuruf: Du bist doch kein Kind mehr. Selbst damals als Kind warst du kein Kind mehr. Die Verletzungen werden zu symbolischen Werten.

Ein Kind bleibt bei Fluchten und Auswanderungen nicht zurück. Es geht ungefragt mit in dritte und vierte Heimaten, ohne von der Verlassenheit der Bahnhöfe, der Leere der Straßen und Gesichter zu erfahren, ohne zu wählen zwischen verlorenen Besinnungen und den Notwendigkeiten zur Eile. Ein Kind wartet die Zeiten ab und fügt sich, gedrängt und an der Hand genommen.

Dem Glück der damals jungen Familie und der Planbarkeit desselben wurde durch immer neue Umzüge, initiiert durch den Vater, vorgebeugt. Mit dem Eifer seines Wissens, seiner Erfindungen und mit der Begeisterung eines von der Rechtmäßigkeit, der Legalität und Legitimität der ihm übertragenen Pflichten überzeugten Menschen stellte er sich auch diesem neuen Staat zur Verfügung. Der Wiederaufbau, dessen parlamentarische Feste der Grundsteinlegung kriegerische Vorfreude enthielten, ließ sich bestens an für die alten Kämpfer, neuen Gewinnler und eisernen Vertreiber und Grenzzieher. Die Propaganda für den neuen Staat – Russe mit Dolch, Hammer und Sichel, Ollenhauer als alter dummer Mann, der Deutsche als Opfer, aber mit Amischokolade in den derben Händen – setzte die Tradition der deutschen Variante der Vereinfachung komplizierter Sachverhalte mit viel Freude und Einfalt fort.

Die große Familie der Verwandtschaft teilte sich, lernte die östliche und westliche Sprache, wurde durch die Phantasien der Sieger, die Uneindeutigkeit des deutschen Volkswillens und die Vorstellungen der neuen leitenden Herren getrennt. Die drüben verloren, gleich was sie unternahmen, an Ansehen.

Die Familie meines Vaters endet mit mir, was ihm sein Vater nie verziehen hat, und mit mir endet auch die weitverzweigte und große Familie meiner Mutter. Wie jeder andere war also auch ich eine ganze Gesellschaft. Die Familien beobachteten mich aus der Ferne und wenn sie in meiner Gegenwart laut sagten, das also hat unsereins vom Leben, so sprachen sie damit ihre Hoffnung aus, daß ich mich stärker an den unsichtbaren Normen orientieren würde.

Nachdem ich es zwischen dreißig und vierzig doch zu den üblichen kleinen Besitztümern und Einkommen gebracht hatte, keine umstürzlerischen Ansichten mehr äußerte, erwählten sie mich zum Familienerben. Ich wurde beiseite genommen, der Säbel des Großvaters mir überreicht, anvertraut das alte museumsreife Sattlerwerkzeug meines Uronkels. Umschläge mit Erbscheinen von Häusern wurden mir von Ferne gezeigt, alles wäre in Ordnung, käme in Ordnung. Und eines Tages, zu einem Zeitpunkt, da mein Leben ganz und gar in Unordnung geraten war, fragten sie leise und still in einer Ecke ihrer Häuser oder Flure, wer mich denn beerbe. Da wußte ich, daß sie nie einen Gedanken an mich verschwendet hatten, daß ich Besitztümer und Familiensammlungen bewahren sollte. Sie überschütteten mich mit den Erinnerungen ihres Lebens und ihren großen und kleinen Besitztümern. Sie wollten mich berühmt und abgesichert wissen, nachdem ich bewiesen hatte, daß ich mir selbst Sicherheiten erarbeiten konnte, mich hinausdrängen aus meinen Nebenrollen, als hätte ich mir die nicht mit Bedacht ausgesucht. Sie taten so, als stünde mir die ganze Welt offen, waren aber bestürzt, enttäuscht, als ich für längere Zeit in die Welt ging und keinerlei Interesse zeigte an dem dicken Blut der Familien und ihrem Wunsch, daß ich eine Lebenslinie und eine Heimat finden sollte. Ich sollte sie unter einen Kartoffelrock nehmen, durch dessen Falten sie linsen und an dessen Bänder sie sich dranhängen konnten. Ich hätte keinen Schritt mehr tun können, und sie hatten mich nicht linsen lassen und gewärmt, als ich mit dem blutenden Kindskopf herumlief. Damals waren sie mit sich und dem Sandkastenspiel ‚Wie baue ich am besten wieder auf' beschäftigt, jetzt sollte ich ihre Ringe tragen, aus ihrem Meissner Porzellan Tee trinken und Säbel hüten.

Sie befreiten ihre Seelen von der Last ihrer Geheimnisse. In den vertraulichen Mitteilungen hatten sie mich an ihren Lebenslängen beteiligt, die Träume nicht länger unberührt bewahrt, sondern ihre Irrtümer weitergegeben.

5.

Kann man sich mitteilen, hingeben, absolute und objektive Einigkeit herstellen? Ja, sagen manche und reiben sich die Augen, wenn die Kriege beginnen und mit Begeisterung und Lebensfreude geführt werden. Nein, sagen andere und begründen im schlimmsten Fall eine neue Ideologie der Herrschaft. Verschmolzen werden soll immer etwas. Kannibalisches Verlangen ist der unkomplizierteste und unbürokratischste Ausdruck für das Bedürfnis, mit dem anderen eins zu sein, ihn also sich einzuverleiben, der direkteste Ausdruck des Bedürfnisses, Krieg zu führen.

Ja, wir könnten einander lieben, hingeben, wenn wir unser Freibeuterdasein lieben würden. Wenn wir zudem akzeptieren, daß der andere der Fremde bleibt, vielleicht ein vertrauter Fremder wird, und begriffen, welche Freiheit für jeden darin enthalten ist, wenn wir es aufgeben zu verschlingen, außer in den Sekunden der Lust, den Sekunden der außergewöhnlichen Nähe: die Furcht, einverleibt zu werden, auf der Hut sein zu müssen, umständliche Erklärungen über das Ich abgeben zu müssen, entfielen zugunsten der gebenden Gebärden und Handlungen, der kleinen Sätze und dem wachsenden Willen zur Phantasie. Stattdessen graben wir alle an inneren und äußeren Verteidigungslinien, üben uns an psychischen Panzerfäusten, an der Anfertigung von Charaktermasken, an der Zerlegung des eigenen und fremden Ichs mit Seziermessern. Wo immer wir sind, graben wir uns ein, verbarrikadieren uns im besten Fall mit roter, rosaner oder bunter Flagge, aber niemals ist es die Fahne der Freibeuterei.

Die Kriegsschauplätze innerlich wie in der Welt sind uns Heimat. Nicht nur weil es für Deutschland keinen Friedensvertrag gibt, wir nur im Waffenstillstand leben, sind wir in erster Linie Kriegerinnen und Kriegswillige, Kriegsfreiwillige vielleicht sogar, vielmehr gibt es auch seit mehreren Generationen niemand mehr in den Familien, der vom Frieden erzählen könnte, der eine Erinnerung hätte an ein unkriegerisches Leben. So ist natürlich immer das Erstaunen größer und die Lust zu bestrafen groß, wenn jemand ganz und gar der Gewalt sich verweigert. Diese Entscheidung und Tat ist ein größerer Anschlag auf den ‚Frieden' der Gesellschaft als ein ratloser achtfacher Mörder, Amokläufer oder ehemaliger KZ-Wächter.

Ehrlicherweise müßten wir uns damit abfinden, daß wir und alle, die wir kennen, im Kriegszustand leben und wir über keine anderen Erfahrungen vergügen als über die des Krieges, real, erinnert und wiederum real. Mag sein, daß uns die Apokalypse des Krieges der Sterne atomar ersterben läßt, aber letztlich haben wir davor keine Angst, können Angst nicht fühlen, weil wir immerzu im Krieg leben. Selbst Liebe mündet immer seltener in der Phantasie, in einem festengagierten Theaterensemble mit allen Verantwortlichkeiten zu leben.

Die Trümmerlandschaften, in denen ich als Kind lebte, waren mir das geringste Elend, aber die Erzählungen und die Wortlosigkeit und die fehlenden Bilder in den Fotoalben und die Lügen, die haben mich geprägt bis morgen: Für jeden Krieg bin ich tüchtig genug.

6.

Das Schwarze ist nicht so schwarz. Und natürlich frißt die Zeit ihre Kinder, wo immer sie sie findet und so sie noch immer Hunger hat. Und jeder von uns möchte einen Platz haben auf dieser Welt und hat ganz unterschiedliche Vorstellungen davon, was sein Platz ist und wieviel innere oder äußere Quadratkilometer groß dieser Platz sein darf. Während ein Zug planmäßig seinen Weg verfolgt, sich von seinem durch einen staatlich angestellten Fahrplangestalter errechneten Ausgangspunkt auf sein ebenso errechnetes wie auf wirtschaftlichen Sinn abgetastetes Ziel hin bewegt, durch die Nächte und Tage, gradlinig und in Kurven; über Ebenen, bei denen die Reisenden lässig ans Fenster gehen und in die Weite blicken; durch Täler, in deren Tiefe sie die Fenster öffnen und sich hinausbeugen, als könnten sie dann einen Überblick bekommen; bergauf und bergab, während die Reisenden einander bei Kaffee und Frühstück wie Pensionsgäste zunicken, das Personal sich mit den psychischen Unarten arrangiert hat und Bitten, Aufträge entgegennimmt, hören die ruhelosen Kontrahenten, die alles in sich aufgesogen haben, was die anderen Reisenden, weil sie reisen, abgelegt haben – eine Welt errichtend und bevölkernd, die getrennt ist von der der übrigen Fahrgäste –, nicht auf, sich gegenseitig in Atem zu halten. Sie wechseln Abteile, schleichen, lauschen und täuschen einander, ganz überzeugt, einen Krieg zwischen Balkanesien und der Insel Bonames zu verhindern oder hoffentlich anzetteln zu können.

Die Wlt ist nicht die Bühne, sondern bleibt Schicksal und wird uns zum Gegenstand. Alles hat nur Existenz, weil es uns Existenz verschafft; Kriege sind, gleich für welche Gesellschaftsordnung, die größten Existenzberechtigungsschaffer. Die Folgen der Kriege sind Phantomschmerzen, an Beinstümpfen und Armen, und in den Herzen. Viele sterben in diesem letzten Moment des kriegerischen Entzückens in U-Bahnen, auf Schlachtfeldern vielfältiger Dekoration. Manche davon sterben sogar in einer Verzükkung des Pflichtgefühls. Sie haben recht, denn wenn wir schon Krieg führen und dies tun wir, gleich welches Mäntelchen wir mit welcher Fahne wohin in den Wind gehängt haben, dann sollten wir nicht wie friedfertige Memmen herumziehen und uns und andere täuschen.

Eines Tages in unserem Leben wird eine Tür von innen und außen zertreten. Bei den Versuchen, die Tür zu öffnen, werden die Schlüssel verlegt oder abgebrochen. Stundenlang stehen innen und außen gelibete Menschen, die horchen, klopfen und den Mut aufbringen, Namen zu rufen, doch es bleibt still und geräuschlos in den Zimmern und in den Gängen. Wenn wir lieben, werden wir weinen, wenn wir begehren, wütend sein, wenn wir sprechen, voneinander scheiden und einsam bleiben. Tote werden töten und die Verwunderung wird gering sein über die Blutleere der Körper und die allgemeine Kopflosigkeit. Wir sind am Ende. Die Zeit des Bereuens ist vorbei. Ich beginne nicht zu reden, um zu schweigen; ich zerbeiße nicht die Nabelschnur, um mich anketten zu lassen, ich fliehe nicht vor Kriegen, um mit schartigen Holzschwertern Wunden zu reißen.

Wie spät ist es? Ich verlasse diese Gedanken, lege Papier und diese Wörter beiseite, um ein weiteres Verbrechen zu begehen.

Epilog

Nach der Lektüre dieses Textes beschlossen folgende Gaukler mit je einer Stimme den Lesern zur Kenntnis zu bringen, daß sie sich freiwillig an der Erstellung dieses Manuskriptes beteiligt hatten: Die Emigrantinnen Bachmann und Morante, die reisenden Buchhalter Rimbaud, Gaugin, Segalen und Leiris, der Eierkopf Zippy, nach seinem Besuch bei Ronald Reagan. Die fast vergessenen Regisseure Eisenstein und Mulligan, die Süchtigen Nerval und Duras, die Abenteuerin und Gräfin Franziska von Reventlow, drei bekannte noch lebende Historiker, die vornehmlich über den zweiten Weltkrieg erfolgreiche Bücher schreiben, sowie zwei unbekannt bleiben wollende, etwas übereifrige Missionare, deren Wesen auf mich abfärbte, was manchen Sätzen leicht zu entnehmen ist.

Um moralisch nicht angesteckt zu werden, empfehle ich Erdnußbutter in Tomatenketchup verrührt, auf gebratenem Spargel serviert. Die Rekonstruktion des Subjekts war das Anliegen aller Beteiligten.

Mathilde Panusz
Meine Angst

Ich bin vierundvierzig geboren, in Polen, meine Mutter kam aus einem polnisch-deutschen Grenzgebiet, sie sprach zwei Sprachen, aber sie war polnisch, sie hatte das polnische Lehrerstudium gemacht und war Erzieherin bei einer polnischen Generalsfamilie, und dann, ich weiß nicht, wer mir die Geschichte erzählt hat, meine Mutter jedenfalls nicht, vielleicht die Leute, bei denen wir in Polen gewohnt haben, oder mein Kindermädchen, daß also meine Mutter bei dieser Generalsfamilie arbeitete und mein Vater, ein SA-Mann, hat mit einem Trupp Deutscher die kleine Stadt besetzt und die Familie des Generals ... ist von diesen Deutschen umgebracht worden, meine Mutter ist am nächsten Tag hingekommen und hat die beiden Kinder, den General und die Frau ermordet vorgefunden, un in ihrer Angst, damit nur ja nicht der Verdacht entstehe, daß auch sie zu dieser Familie gehört, hat sie sich angefreundet mit diesen Deutschen und hat sehr schnell einen von ihnen, das war mein Vater, geheiratet, angeblich unter der deutschen Fahne, das muß ein paar Tage später gewesen sein, ich habe diese Geschichte nie von meiner Mutter selbst gehört, ich habe zwar öfter danach gefragt, aber sie sagte immer, sie könne sich nicht erinnern, ich denke, das muß schrecklich gewesen sein, so schrecklich, daß sie mir das immer noch nicht sagen kann, ich weiß nicht genau, was von dieser Geschichte stimmt und was nicht, es ist so schwerig, die Wahrheit herauszufinden, ich würde meine Mutter gerne verstehen, es wäre ja noch das Menschlichste, wenn sie es einfach, um sich zu retten, getan hätte, zugleich empfinde ich das wie einen Verrat, diese Tat hat ja ihr Leben bestimmt, und meins auch.

Als ich acht Jahre alt war, ist meine Mutter mit mir nach Deutschland gekommen, ich glaube, sie hat damals einen Mann gebraucht, sie konnte nicht als alleinstehende Frau mit einem Kind leben, sie war katholisch erzogen, sehr bigott, und der liebe Gott wurde immer dann eingesetzt, wenn er für eine Tat entschuldigen sollte, aber sie war durchaus offen dem Leben gegenüber, sie hatte viele Freunde, daran erinnere ich mich, wenn ich an Polen denke, und sie war eine schöne Frau und schlank, sie war eine selbständige Frau, sie war ja Lehrerin, warum also ist sie nach Deutschland gegangen, in meiner Wut auf sie habe ich manchmal gedacht, daß sie auf die gleiche Weise nach Deutschland gekommen ist, wie sie meinen Vater kennengelernt hat, obwohl, kennengelernt kann man das eigentlich nicht nennen, wie sie also meinen Vater zu meinem Vater machte, sie hat ihn benutzt, in Deutschland war ja der Wiederaufbau, und es gab Nylonstrümpfe, und ich denke oft in meinem Zorn, daß sie wegen der Nylonstrümpfe nach Deutschland gekommen ist, denn mit meinem Vater war nur Streit, und wenn ich sie heute danach frage, entzieht sie sich, durch sie kann ich kaum herausfinden, was war, ich kann nur meinem Gefühl trauen, das sich mit der Zeit verstärkt hat, ich konnte ja, je älter ich wurde, auch besser abschätzen, was da stimmen und was da gar nicht stimmen konnte, trotzdem schafft es meine Mutter bis heute, mich so zu verunsichern, daß ich ihre Beschuldigungen immer wieder als Wahrheit aufnehme, sie hat mir nämlich vorgeworfen, daß sie hierher mußte, weil sie ein Kind hatte, nämlich mich, und weil sie mit einem Kind alleine nicht zurechtkam, und weil sie deshalb einen Mann gebraucht hat, was ich übrigens heute verstehen kann, ich erziehe mein Kind auch allein und oft wünsche ich mir, jemand zu haben, und wenns nur jemand wäre, der sagen würde, du machst es richtig, in irgendeiner Weise, wenn meine Mutter mir das sagen würde, dann könnte ich sie ja auch verstehn, aber das hat sie mir eben nie gesagt, sie hat immer versucht, mir eine Moral zu vermitteln, die sie selbser nie verwirklichen konnte, sie kam sich ein Leben lang und bis heute schlecht vor und schmutzig, und sie hat mir eigentlich immer wieder versucht zu sagen, daß auch ich so bin, und ich fühle mich tatsächlich immer schuldig, mir ist das erst vor ein paar Wochen bewußt geworden, meine Mutter hat, als sie Mitte vierzig war, noch ein Kind bekommen, von diesem gleichen Mann, und ich mußte dann immer dieses Kind ausfahren, und ich weiß, ich hab da sehr gelitten, weil dieser Bruder vom Alter her auch mein Kind hätte sein können, ich war damals fünfzehn, und in der Therapie, die ich jetzt mache, wurde mir klar, warum das so schlimm für mich war, ich war nämlich überzeugt, daß dieses Kind tatsächlich mein Kind war, und das war eben eine Geschichte meiner Mutter, ich hab mir nie Gedanken über ihre Sexualität mit diesem Mann gemacht, weil sie auch selber immer so tat, als wäre er ein ganz schlimmer Mensch, warum sollte sie da mit ihm schlafen, und als sie dann noch ein Kind mit ihm bekam, da war mir das unbegreiflich, und da sie mich immer beschimpft hatte, ich würde mich mit den Jungen herumtreiben, und mir prophezeit hatte, das würde noch schlimm enden, dachte ich, vielleicht ist es wirklich mein Kind, und du hast alles bloß vergessen, und es war wieder unendlich schwer, die Wahrheit herauszufinden, ich weiß heute, meine Mutter hat alles an sich gerissen, ich war ihr Katalysator, sie hat mich benutzt, es ist schrecklich, so etwas zu begreifen, wie du dein Leben lang benutzt wurdest, sie hat mich total von sich abhängig gemacht, ja beinahe hörig, sie hat mich benutzt, wie sie sich selbst benutzt hat, damals in der Situation in Polen, ich kann zwar nicht sagen, sie hätte dort heroisch auftreten sollen, es ging ja um ihr Leben, aber dafür hat sie sich praktisch mit dem Mörder eingelassen, heute hat sie sich eine Krankheit zugelegt, eine Depression, und ich weiß nicht, ob das nicht wieder nur eine Strategie ist, mich zu benutzen, dabei zeigt sie mir auch, wie viel mehr sie meinen Bruder schätzt, einmal weil er ein Mann ist, und auch weil er nicht die Vergangenheit für sie repräsentiert wie ich, ich glaube, sie hat Angst davor, daß ich die Zusammenhänge entdecken könnte, die sie totschweigt, diese Geschichte damals, je näher ich dieser Wahrheit komme, desto weniger falle ich auf die Tricks meiner Mutter herein, und das ist sehr gefährlich für sie, wenn ich sie heute frage, warum hast du mir denn nichts erzählt, damals, als du meinen Bruder erwartet hast, dann sagt sie mir, ich konnte dir ja nichts sagen, du warst ja viel zu dumm, also, sie hält das aufrecht, aber ich sage ihr das jetzt alles,sodaß sie merkt, daß sie mir nichts mehr vorspielen kann, und ich merke, daß mich das nicht mehr so bestimmt, das sind kleine Anfänge, mir zu sagen, mein Gefühl ist richtig, und das ist wichtig für mich, denn sie hat mich jahrelang belogen, also entfernt gehalten von meinen Gefühlen, ich kann ihr nicht eine Strategie unterstellen, sie hat sich natürlich geschützt dadurch, und ich denke auch, wenn man so lange etwas schützen und verdecken muß, das wird dann Verhalten, sie war ja auch nicht nur zu mir so, sie hat sich auch andern Leuten gegenüber so verhalten, sie hat überall Gefahr gewittert, ob es nun Verwandte oder Nachbarn waren, sie hat regelrecht Verfolgungsangst bekommen, vielleicht war ja auch der Grund, nach Deutschland zu kommen, daß man ihr in Polen diese Heirat übelgenommen hat, aber das sind Vermutungen, ich kann mich eigenlich an meine Mutter in Polen nur schwer erinnern, erzogen worden bin ich ja von dem Kindermädchen, ich weiß nur noch, daß sie eine strahlende und schöne Frau war mit vielen Freunden, aber in Deutschland hat sich alles geändert.

Diese Geschichte wird mir erst seit einem Jahr klarer, in einer Therapie, ich habe da lange Zeit nur über meine Mutter gesprochen, aber richtig schlimm und erschütternd wurde es erst, als die Sprache auf meinen Vater kam, auf den nichtvorhandenen und den wirklichen, da wurde mir auf einmal die Geschichte meines Werdens bewußt, in ihrer ganzen Tragweite, ich war später zweimal in Polen und habe dort festgestellt, ich kann kein Polnisch mehr, das hat ja einen Grund, ich war damals mit meinem Mann in Polen, nachdem ich drei Seminare in Polnisch besucht hatte, ich wollte es lernen, und es ging nicht, und ich habe mir eingebildet, wenn ich in dem Land bin, würde ichs können, und ich konnte es nicht, ich sehe an Schulkindern, die vergessen eine einmal gelernte Sprache nicht so schnell, aber ich kann nicht mehr Polnisch, ich glaube, ich wurde meiner Mutter sehr ähnlich, wahrscheinlich weil ich im gleichen Maß verdrängt habe, ich hatte ja auch diesen Vater verdrängt, erst jetzt fange ich an, zu begreifen, worin meine Schwierigkeiten mit Männern liegen, lange dachte ich, meine Männerbeziehungen wären ganz selbstverständlich, dabei wird mir immer klarer, daß sie so waren, wie meine Mutter sie mir vorgelebt hat, wie meine Mutter meinen Vater kennengelernt hat, aus lauter Angst, körperlich angegangen zu werden, deshalb muß man lieb beigeben, sie hat sich ja hingegeben, um nicht getötet zu werden, und das hat sich in meinen Beziehungen wiederholt, in meiner letzten Beziehung ist das ganz deutlich geworden, durch mein unterwürfiges Verhalten, darin stehe ich meiner Mutter nicht nach, wurde dieser Mann so gewalttätig gegen mich, daß ich zum ersten Mal die Angst zu spüren bekam, die wahrscheinlich meine Mutter auch hatte, es war eine Angst, mich nicht mehr wehren zu können, ich habe nicht mal an töten gedacht, ich habe einfach keine Möglichkeiten mehr gehabt, mich über Sprache noch auseinanderzusetzen, ich habe nur noch pure Angst gehabt, ja, doch, ich hatte Lebensangst, ich habe da etwas erlebt, wo ich wie unter Einfluß handelte, und wofür ich nur schwer die Zusammenhänge finde, ich habe viele Enden von Fäden in meinem Kopf, die ich nicht zusammenbringen kann, ich schütze mich immer noch vor dieser Wahrheit, denndas kannst du nur teelöffelweise genießen, in größeren Mengen würde ich das gar nicht schaffen, ich habe gelernt, Männer als gering und nichtig zu empfinden, und daß man sich trotzdem nach ihnen richten muß, ich hatte Angst vor meinem Vater, und ich habe der Darstellung meiner Mutter von ihm geglaubt, was kann es Schlimmeres geben, als wenn wir Nachkriegskinder erzählt bekommen, wie die SA-Leute waren, und wie mein Vater war, ich kann mich noch erinnern, in Polen, da hing ein umgearbeiteter Armeemantel am Kleiderschrank, und wenn ich im Bett lag, fiel mein Blick auf diesen Mantel, der sich dann gefüllt hat mit meinem Vater, mein Kindermädchen hat in einer Schublade Knöpfe von Armeekleidern gesammelt, die kamen mir vor wie Relikte meines Vaters, ich weiß nicht, ob es dieses Kindermädchen war, das mir die Geschichte erzählt hat, wie sich meine Eltern kennengelernt haben, aber diese Geschichte war einfach da, und sie wurde auch bestätigt von meiner Mutter, die erzählte, daß sie bei dem General gearbeitet hat, aber wenn ich dann weiterfragte, kam dieses Loch, sie sagte, sie weiß nicht mehr, wie sie meinen Vater getroffen hat, sie sagte, sie hätten sich schon immer gut gekannt, und selbst wenn ich das heute meiner Mutter so erzähle, wie ich es weiß, dann sagt sie, das kann nicht gewesen sein, nein, es ist für mich so kompliziert mit der Wahrheit, daß ich immer wieder nicht an mein Gefühl glaube, aber ich weiß, daß mein Gefühl wahr und echt ist, und daß meine Mutter dieses Gefühl verunsichern will, denn sie hat etwas tief Eingepflanztes zu verteidigen, aber ich muß das aufdecken, ich muß mir das ansehen, und ich muß die Verletzung erleiden, die eigentlich auch ihre ist, ich muß das Leben meiner Mutter verarbeiten, weil sie sich geweigert hat, das zu tin, durch ihr Schweigen hat sie mir aufgebürdet, was sie selbst nicht geschafft hat, ich kanns verstehn, es ist für sie so schwer gewesen, daß sie es allein nicht geschafft hat, aber sie hat es sich auch einfach gemacht, indem sie alles an mich weitergegeben hat, so seh ich das, sie hat auch die eigenen Schuldgefühle an mich weitergegeben, und auch die Strategie, sich ganz lieb zu machen, wenn man in Gefahr ist.

Meine Therapeutin ist übrigens Jüdin, und als die Sprache auf meinen Vater kam, war mir das ein Problem, sie ist ungefähr so alt wie ich, und ein Vater, wie ich einen habe, muß ihr ja zuwider sein, den muß sie ja verabscheuen, ich habe sie danach gefragt, und sie sagte, mich würde sie gern therapieren, aber meinen Vater hätte sie nicht angenommen, ich hatte immer gedacht, die wichtigste Person für mein Leben wäre meine Mutter gewesen, und jetzt ist mir bewußt geworden, daß mein Vater auch von Bedeutung ist, gerade für meine Beziehungen zu Männern, für mein Männerbild, Männer sind für mich exotische Wesen, ich glaube wirklich sagen zu können, ich habe Angst vor Männern, mein Vater ist in seiner Abwesenheit, er war ja acht Jahre lang für mich nicht da, nicht glorifiziert worden wie andere Väter, ich muß ihn sehr geringschätzig empfunden haben, weil ich nie verstanden habe, warum meine Mutter nach Deutschland gekommen ist, beziehungsweise, warum sie ihn geheiratet hat, wo er doch ein Mörder war, ich habe solche Angst vor Männern, solche Angst, geschlagen zu werden, daß ich alles für einen Mann tun würde, nur um das, wovor ich Angst habe, zu vermeiden, allmählich löse ich mich von diesen Zwängen, und allmählich wird mir auch in meinem Gefühl klarer, was wahr ist an der Geschichte, das kommt manchmal in ganz alltäglichen Lebenssituationen zum Vorschein, plötzlich geht mir da ein Licht auf, und Enden dieser frei flirrenden Fäden finden wieder zusammen, es geht eben furchtbar langsam, die Wahrheit auszugraben, weil es lange braucht, bis es vom Kopf ins Gefühl gewandert ist, in den Körper, und das ist notwendig, denn das ist die einzige Form der wirklichen Erkenntnis, und es ist eine Bestätigung dessen, was du gefühl aber angezweifelt hast, es ist ein Stück Wahrheit, zu dem ich absolut stehe.

Nele Löw Beer
Sweet Georgia Brown

War es so?

Das Kinderzimmer, rote Blumen auf die weißgetünchte Wand gemalt. Ein Morgen, an dem die Mutter vor dem Bett steht: Der Krieg ist zu Ende.

Wie sah ihr Gesicht aus? Weinte sie? Nahm sie das Kind in die Arme? Erinnerung bleibt an den Klang der Stimme: wir müssen keine Angst mehr haben. Und das Kind hörte auch heraus, daß noch etwas anderes als der Krieg zu Ende war, das Wichtigere. Das zu tun hatte mit den geflüsterten Gesprächen nachts auf der Veranda. Mit plötzlichem Verstummen. Mit dem furchtbaren Wort Gauleiter. Damit, daß der Vater plötzlich verschwunden gewesen war und sich, sonderbar und beängstigend, eines Nachts in sein eigenes Haus geschlichen hatte. Aber vielleicht war er es auch nicht; das Kind hatte nur kurz eine Gestalt mit regennassem Hut gesehen, die schon wieder verschwand.

Später kamen die Amerikaner.

Die Besatzer besetzten fast jedes Haus in dem kleinen österreichischen Ort; die Einwohner und die vielen Flüchtlinge wurden eng zusammengedrängt. Das Kind fand das lustig; immer war die Küche voll mit schwatzenden, kochenden, wäschewaschenden Frauen. Das Kind mochte auch die Amerikaner, die ins Haus kamen und es war ganz und gar verliebt in „meinen Freund Kenneth". Er kam aus New York, wollte katholischer Priester werden, und er sang und sang: My wild Irish rose.

Ein Bild: Die Mutter sitzt am Klavier und begleitet ihn. Sonnenflecken auf dem roten Teppich. Aber die Worte und die Melodie prägten sich dem

Gedächtnis erst viel später ein, als es die Mutter wieder und wieder sang.

War es so?

Viele Jahre später, und wie um die Erinnerung Lügen zu strafen, wurde mir erzählt: die amerikanischen Soldaten, die kamen, nicht der erste Trupp, aber der zweite, hatten die österreichischen Konzentrationslager befreit, und ihr Entsetzen vor den Deutschen, ihre Abscheu waren unbeschreiblich. Die Eltern mußten zutiefst gedemütigt erfahren, daß auch sie zu diesen Deutschen gezählt wurden.

Ein Tagebuchblatt der Mutter: Ich höre und höre, heute Thomas Mann über Majdanek bei Lublin. Und ich fühle, wie es mir langsam das Rückgrat bricht und ich das Gefühl bekomme, mich von all dem nicht mehr aufrichten zu können. Da klingt dieser Satz wie ein Trost „nur ein Haß tut not, auf die, die den deutschen Namen auf ewig zum Greuel für die Menschheit gemacht haben."

War es so?

Deutschland, zwei Jahre später. Die „sudetendeutsche" Hausangestellte behauptet, daß die Tschechen deutsche Dörfer ganz und gar ausgerottet haben. Das Wort ausrotten verfolgt das Kind bis in seine Träume.

Aber warum haben die Tschechen das gemacht?

Die Tschechen sind Bestien.

Das Abendgebet nicht vergessen. Und bitte, lieber Gott, mach, daß Onkel Ernst wieder nach Hause kommt.

Horsts Vater ist gefallen. Sieglindes Vater ist vermißt. Frau Boldt ist eine Kriegerwitwe. Kuchen werden mit Eipulver aus Care-Paketen gebacken, die die Amerikaner schicken. Aber die Amerikaner haben keine Kultur. Die Deutschen haben eine, wir sind eine Kulturnation. Außerdem sind wir das Volk der Dichter und Denker. Das lernt man doch schon in der Schule.

Das Schlimmste sind die Amiliebchen. Sie benehmen sich auffällig und ziehen sich geschmacklos an. Eben amerikanisch. Sieh dir nur die giftgrünen und knallroten Flauschjacken an. Wenn sich die deutschen Frauen schön machen, tragen sie die Jacke vom Schneiderkostüm zum geblümten Sommerkleid. Oder marineblau.

Nylonstrümpfe gibt es im Bahnhofsviertel. Da geht man nicht hin. Zu Hause im Nähkorb liegt fleischfarbenes Stopfgarn, darauf steht: Mein Seiden-, mein Florstrumpf, der Retter, er naht.

Von der Mutter ist nicht viel zu sehen; sie arbeitet den ganzen Tag, und abends geht sie auch oft weg – zum Beispiel zur „Partei". Zu Hause ist sie müde, aber vergnügt. Sie spielt Klavier oder sie und das Kind ziehen das grüne Grammophon auf und hören die dicken Schellackplatten – Violin-Konzerte, die so abgespielt sind, daß fast nur mehr ein Rauschen zu hören ist, oder auch die neuesten Schlager, über die sie beide lachen müssen: Florentinische Nächte. Oder die Mutter spricht vom „Sozialismus". Der ist einfach und einleuchtend, und außerdem ist man verpflichtet, Sozialist zu sein, wenn man es soviel besser hat als andere. Dann fährt sie nach Amerika, monatelang, und bringt kofferweise Kleider mit für alle – rot-weiß und blau-weiß gestreifter Seersucker – und die allerersten Blue Jeans.

Auf dem Schreibtisch liegen ganz neue Bücher, eigentlich schäbig, mit weichen, buntbedruckten Einbänden. Sie fallen ziemlich schnell auseinander, dann sieht man bröckelnde Leimspuren. Es sind faszinierende Bücher. Vor dem Einschlafen sagt sich das Kind oft die Titel auf: Fiesta, Am Abgrund des Lebens, Oberst Chabert, Kaleidoskop in K., Schloß Gripsholm, Die Pest... es versucht, alle diese Bücher zu lesen, taucht ein in fremde Unverständlichkeiten. Bei den Freundinnen gibt es Bücherschränke mit Glasscheiben, dahinter leinengebundene Bände mit dikken, weißen Seiten. Sie haben Titel wie: Der Arzt Gion, oder Das unverwesliche Erbe, oder Die größere Heimat. Wer sollte so etwas lesen?

Ein Buch las das Kind aber doch, als es einmal außer Haus übernachtete, die halbe Nacht hindurch und hauptsächlich deshalb, weil das Buch nicht in einem Bücherschrank stand, sondern beim Stöbern in der Bodenkammer unter altem Spielzeug aufgetaucht war. Ein Mädchenbuch, wie hieß es nur, auf dem Titelbild eine Rotbackige mit gelben Zöpfen und mit einem Halstuch über dem weißen Blüschen. Erinnerung nur noch an den Ekel und die Faszination, nicht mehr an Einzelheiten der Geschichte. Es ging, so scheint es mir heute, um einen klassischen Konflikt: ein Mädchen kämpft um die Erfüllung seines Wunschtraumes, gegen den Widerstand der Eltern. Schließlich gelingt es, die Einheit der Eltern aufzulösen und wenigstens einen – in diesem Falle den Vater – von der höheren Weisheit des Kindes zu überzeugen. Die Rotbackige mit den gelben Zöpfen wollte in den Bund deutscher Mädel eintreten und der Vater stimmte nach dem Besuch einer Veranstaltung mit Adolf Hitler zu, mit leuchtenden Augen – wenn wir mehr Männer wie Adolf Hitler hätten, bräuchte Deutschland nicht unterzugehen. Als ich das las, war Deutschland gerade vor kurzem in tragischer Größe untergegangen.

Von der tragischen Größe erfuhren wir allerdings erst im Gymnasium. In der Volksschule war von der damals buchstäblich jüngsten Vergangenheit wenig die Rede. Wir waren sechzig Kinder in einer Klasse, zumindest bis die amerikanische Armee noch ein weiteres Schulgebäude freigegeben hatte. Es fehlten aber immer noch ein paar, weil sie zu Hause ein Schwesterchen hüten oder sonst den Eltern helfen mußten. Ab und zu wurde auch ein Kind weggeschickt in die Hilfsschule. Die anderen lernten Lesen, Schreiben, Rechnen, Heimatkunde – für immer eingeprägt die Fertigkeit, den Lauf des Mains mitsamt der Mündung in das Rheinknie aufzuzeichnen, dazu Taunus, Hunsrück, Vogelsberg. Die Chatten und die Kelten. Schnurkeramik. Der Limes und die Saalburg. Unvergeßlich die Leiden des römischen Legionärs, der im kalten Germanien Posten stehen mußte, denn was Frieren ist, wußten wir. Gedichte: Ich ging im Walde so für mich hin. Es war ein Kind, das wollte nie zur Kirche sich bequemen. Kirchenlieder: Geh aus mein Herz und suche Freud. Die Lehrerin, ein grauhaariges Fräulein, liebt das Wahre, Schöne und Gute und lehrt die Kinder, stolz darauf zu sein, daß sie in einer Republik und in einer Demokratie leben. Sie ist eine mütterliche und kämpferische Person. Die Eltern, die sie zu bestimmen versucht, auch ihre Töchter auf die Höheren Schulen zu schicken, lassen sie meist abblitzen.

Das Gymnasium gilt als fortschrittlich. Die Klassen sind „gemischt“ – drei Reihen Pulte und Bänke nebeneinander; die Trennungslinie zwischen Jungen und Mädchen verläuft der Länge nach durch die mittlere Pultreihe.

Der Stundenplan wird länger, neue Fächer tauchen auf. Geschichte: Schnurkeramik und der römische Legionär. Die Goten. Gebt Raum ihr Völker unserm Schritt. Eine Freundin weiß alles aus den Büchern von Felix Dahn. Der Lehrer wird unsicher.

Merowinger, Karolinger. Hunnen, Mongolen, Türken. Immer kam die Bedrohung aus der Tiefe des östlichen Raums. Reiterheere und Ritterheere. Die Feinde sind tückisch. Statt Heimatkunde haben wir Erdkunde. Die europäischen Hauptstädte. Der längste Fluß. Die höchste Erhebung. Der Schwarze Kontinent. Deutsch-Südwest. Wie oft sind wir geschritten... Die Russen haben uns unsere Ostgebiete weggenommen, aber wir hoffen, daß wir sie eines Tages zurückbekommen. Wir haben den Slawen den Pflug gebracht.

War es so? Waren die Jahre in dieser Schule Leben in einem Gruselkabinett? Der Englischlehrer, bei dem wir kein Englisch lernten, brüllte schon in der Tür: Ge-weehr auf! Ge-weehr ab! Geweehr über! Präsentiert das Gewehr! Wir lernten uns hinwerfen, durch die Bankreihen robbeb. Wer nicht parierte, mußte den Kopf vor daherfliegenden Kreidestücken oder dem Schlüsselbund einziehen. War Kichern zu hören, zerfetzte der Lehrer tobend das Klassenbuch. Dann fragte er Vokabeln ab. In der Pause mußte immer ein Mädchen dableiben, die Tafel putzen und sich zwicken lassen.

Und was war mit einem anderen Lehrer los, der sich jede Stunde mundartlich näselnd über die „Bantuneger" ereiferte?

Da die Schule so war, mußte sie wohl so sein. In den Pausen hörte ich: Mein Vater sagt, Politik ist ein schmutziges Geschäft. Mein Vater sagt, wir wählen die SPD nicht, weil sonst der Pöbel so aufkommt. Mein Vater sagt, die Russen sind dreckig. Mein Vater fährt ein Chevrolet.

Politik ist Sozialkunde. Was weißt du über unser Wahlsystem? Die Zweitstimme... Wenn sich die Legislative und die Exekutive streiten, entscheidet die Judikative.

Komm, wir gehn ins Aki. Kostet 50 Pfennig und man kann so lang drinbleiben, wie man will. Man taucht wieder auf in eine fremde Stadt, im Kopf rennen Tom und Jerry und Mäuse und Katzen herum. Im Aki sind auch Wochenschaufilme vom Koreakrieg zu sehen, jedesmal auch eine gezeichnete Darstellung, wie sich ein Ring um die Stadt Seoul legt, der irgendwann wieder gesprengt wird. Eingeprägt die dramatische Sprechweise der Reporter; sie reden, als sähe man die Bilder nicht. Eisenhower, McArthur. Im Namen der Freiheit. Oft ein Kerl mit einem Schnauzbart. Eines Tages ist er tot.

Stalin ist tot. Der Bluthund ist verreckt. Stalin war ein größerer Bluthund als Hitler. Nicht in der Schule, aber zu Hause wird davon gesprochen, was der von Deutschland angezettelte Krieg den Russen angetan hat. Und daß auch die Russen unsere Befreier sind. Stalin einen Bluthund nennen – das ist zu einfach. Danach liebe ich die Russen. Russische Namen, russische Gesichter, russische Bücher. Mißtrauen gegen alles, was in der Schule über den Krieg gesagt wird.

Es war mehr als Mißtrauen, es war Ekel, und die Ohren schärften sich für die Töne des mörderischen Männlichkeitswahns, des Wortgerassels aus Studienratsmund. Deutschland kann nicht gegen die ganze Welt kämpfen. Der deutsche Soldat hat seine Pflicht getan. Im Felde unbesiegt. Es war der furchtbare russische Winter. Die deutschen Generäle...

War es so?

In der Klasse saßen wer weiß wieviele, deren Vater war vermißt oder gefallen. Gestorben und verdorben. Mein Vater nicht. Darauf war ich stolz. Er war auch kein Held gewesen, kein Widerstandskämpfer, nur einer, der von allem Anfang an gesagt hatte, die Nazis wollten den Krieg. Und auch: er werde nicht mitmachen.

Mein Vater war ein Drückeberger. Einer, der sein Volk in seiner schwersten Stunde allein gelassen hatte. Nicht seine Pflicht getan. Tragische Helden: die Männer des 20. Juli. Ohne Adel keine Tragödie, wegen der Fallhöhe. Die Einsicht. Die Umkehr. Das tragische Ende.

Die anderen: verstrickt, verführt, betrogen. In solchen Metaphern konnte man sich einig sein und es miteinander aushalten – die Lehrer, die Eltern und die Schüler, deren Eltern es doch wissen mußten, weil sie es ja miterlebt hatten.

Ich wechselte nach ein paar Jahren auf eine noch fortschrittlichere Schule, ein neues Schulmodell. Aber da war keine Zäsur zu spüren. Nur daß es kaum Verrückte unter den Lehrern gab. Die meisten waren ganz normal.

Sie waren ganz normale Soldaten gewesen, und sie hatten, was normal ist, vom Krieg die Schnauze voll. Sie erzählten gelegentlich von ihren Kriegserlebnissen, und sie hatten ein ganz normales Vergnügen daran, uns an den Witzen teilhaben zu lassen, die man im Dritten Reich über den Gröfaz und den Reibi und ähnliche Schießbudenfiguren gemacht hatte. Wobei zumindest die Schießbudenfigur Gröfaz daneben auch etwas Dämonisches hatte, was uns durch das Abspielen von Schallplattenaufnahmen seiner berüchtigsten Reden verdeutlicht werden sollte. Das Dämonische kam nicht recht rüber, woraufhin dann die Zeitläufe herhalten mußten. Der Schandvertrag von Versailles. Der Weimarer Nihilismus. Die Asphaltliteraten. Der Schwarze Freitag. Die Arbeitslosigkeit. Und in den Pausen hörte ich: Mein Vater sagt, vieles war auch gut. Immerhin hat Hitler die Autobahn gebaut. Und bei den Autobahnmördern hieß es: Rübe ab, sagt mein Vater.

Der Polenfeldzug. Hart wie Kruppstahl. Der Blitzkrieg gegen Frankreich. Schnell wie Windhunde. Der Stellungskrieg im Osten. Zäh wie Leder... Der Krieg wurde erzählt, in allen Phasen und militärischen Einzelheiten – nicht etwa Scheußlichkeiten – analysiert wurde er nicht. Einmal tauchte einer auf, ein Referendar, der berichtete von Dreck, Blut und Angst, wobei seine Stimme ein Schluchzen war. Der war wohl nicht tragbar. Der verschwand dann wieder.

Von allem anderen hatte keiner was gewußt. Der Krieg war ein Erlebnis, das ins lebendige Fleisch geschnitten hatte. Dagegen blieb alles andere Papier. Graue Bürokratenwörter. Machtergreifung. Gleichschaltung. Endlösung. Dazu wurden keine Geschichten erzählt. Nur eine, die ich gleich dutzendfach hörte: Man hatte einen Mann gekannt, einen Nachbarn, einen aus der Straße, den Onkel einer Bekannten, der war eines Tages verschwunden gewesen. Man habe ihn abgeholt, hieß es, nach Dachau. Ein paar Monate später kam er zurück und sah krank aus. Aber er hat niemals irgend etwas erzählt.

Die Modell-Internatsschule, auf die ich ging, lag in ländlicher Umgebung. Im Ort wurde mir ein großes Haus gezeigt, in einem schönen Garten. Dort hatte eine jüdische Familie gelebt. Die waren auch abgeholt worden. Aber eben nicht nach einigen Monaten wiedergekommen.

Irgendwann wußte ich, daß die Nazis die europäischen Juden vernichtet hatten, systematisch und so vollständig, wie sie es gekonnt hatten. Ich kann mich nicht an einen Augenblick des Zweifels erinnern. Mir kommt vor, als hätte ich es immer schon gewußt. Das liegt aber daran, daß ich nicht eine einzige Erinnerung aus mir heraufholen kann, wer mir davon erzählt hat und wann und wo.

Das Unvorstellbare bleibt unvorstellbar. Wie konnte das Unvorstellbare geschehen, das keiner gewollt hat, von dem keiner gewußt hat?

Eines Tages sagt der nette Deutschlehrer: Ihr könnt das nicht so beurteilen, weil ihr es nicht erlebt habt. Aber ich sage euch, die Juden sind anders als wir. Sie sind uns fremd. Es war nicht richtig, sie umzubringen, aber es gab auch einen Plan, sie alle nach Madagaskar umzusiedeln. Oder nach Sansibar, ich weiß es nicht mehr genau. Das wäre vernünftig gewesen.

Lies den „SS-Staat" von Kogon, sagt mein Mitschüler Frieder. Das tue ich. Ich beginne zu verstehen, was uns verschwiegen wurde, und warum.

Micha Brumlik

Fragment 1952 - 1954 / Nachtrag 1958

Ich hatte nicht geglaubt, daß das Haus noch stehen würde. Doch eines Tages – es war vor fünf Jahren – machte ich mich, von einer leichten Depression umflort, auf den Weg, der Vergangenheit nachzuspüren.

Ich suchte das erste Haus, in dem ich in Frankfurt gelebt hatte – irgendwann im Frühling des Jahres 1952.

Woche für Woche frequentiere ich den Frankfurter Hauptbahnhof, passiere Rolltreppen, Unterführungen und Fahrbahnen, durchquere die B-Ebene mit ihrem Neonlicht, den unschlüssig bis verlegen herumstehenden Wohnungslosen, den Zeitungs- und Croissantständen. Doch niemals war ich in all den Jahren auf den Gedanken gekommen, jenes Areal hinter dem Hauptbahnhof wieder aufzusuchen, wo mein Leben in Frankfurt angefangen hatte. Und wirklich: aus einiger Distanz ließ sich die verwaschene Schrift noch lesen. Die Buchstaben, die an der Fassade hafteten, um den Namen des Hotels anzuzeigen, waren längst entfernt, das Haus selbst beherbergte irgendeine Dienststelle: Messingschilder auf weißlichem Verputz, rechteckige Fensterreihen im Stil des Wiederaufbaus. Über dem ersten Stock die Rückstände der Buchstaben, Schemen: „Heidelberger Hof".

Ich entsann mich genau, daß das Hotel so hieß. Der Klang von Wald und Beeren hatte mit den Namen für den Rest meines Lebens eingeprägt.

Mein Leben in Deutschland begann im Frankfurter Hauptbahnhof. Zunächst war er nur eine Zwischenstation unter vielen. Denn das zerstörte Frankfurt war keineswegs der erste Versuch meiner Mutter gewesen, der Enge und der dünnen Luft meiner Heimat, dem Ort Davos in Graubünden, zu entfliehen. Dorthin hatte sie die Flucht vor den Nationalsozialisten verschlagen; dort hatte sie meinen Vater kennengelernt, der das Flüchtlingslager leitete, in dem sie zuerst interniert wurde. 1947 in Davos geboren, liebte ich jenes Geviert sonnenüberglaster Kleinstadtstraßen, strahlend-blauen Himmels, grüner Matten und aufragender Berge.

Nach dem Ende des Krieges leerte sich das Internierungslager, dem mein Vater vorgestanden hatte, und auch das Sanatorium für Überlebende der Vernichtungslager, das stattdessen errichtet wurde, schloß im Jahre 1950. Das Ende des Krieges, der Verfolgung und Vernichtung sowie das Vernarben ihrer Folgen brachten meinem Vater, der sich selbstlos für andere Flüchtlinge eingesetzt hatte, die Arbeitslosigkeit. Seine Energie lief ins Leere und die Rastlosigkeit und Ziellosigkeit, die ihn nun überfiel, entfremdete ihn seinem Heim und seiner Familie.

Meine Mutter entfloh der zerrütteten Ehe mit mir zusammen nach Israel, das 1950 durch Armut, Arbeitslosigkeit und ein rigides Auswanderungsverbot gekennzeichnet war – ein Land, in das leichter hinein- als herauszukommen war. Unter diesen Umständen machten sich junge Frauen ohne Männer und mit kleinen Kindern so mißliebig, daß ich bei entfernten Verwandten in Pflege gegeben wurde.

Ich fühlte mich allein in Tel-Aviv, in einer kleinen nach Kerosin stinkenden Wohnung, an deren Inhaber ich mich nicht mehr erinnere. Nur der tödliche Schrecken ist mir noch gewiß, den mir das Nicken eines Porzellanbuddhas einflößte, dem ich auf meinen einsamen Streifzügen zwischen Sesseln und Kommoden plötzlich begegnet war.

Einsamkeit empfand ich auch in dem Kibbuz, in dem ich untergebracht war, derweil meine Mutter anderswo Arbeit suchte. Auch dort floh ich meine Einsamkeit, wie ich sie bereits vor unserem Abflug aus der Schweiz nach Israel geflohen war. Ich ging auf dem Zürcher Flughafen Kloten verloren, mußte von der Flughafenpolizei gesucht werden und wurde endlich – kurz vor dem Abflug – in der Nähe irgendwelcher Lagerhallen gefunden.

Eines Nachts verließ ich die Holzhütte, die meiner Mutter und mir, wenn sie an den Wochenenden zu Besuch in den Kibbuz kam, als Wohnung diente, verschwand in der Nacht, irrte umher, blieb in einem Ameisenhaufen stecken, bis mich endlich der Lichtstrahl der Lampe des Wächters traf. Zu meiner Mutter zurückgebracht, fragte ich sie in anklagendem Tonfall, warum sie mich verlassen habe. Damals zählte ich dreieinhalb Jahre, und nur wenige Bilder von Glück und Erstaunen erhellen die Düsternis jener Zeit.

Mittags neben ihr im Bett zu liegen und durch die schattenspendenden Fensterläden auf einem Feld ein Eselchen zu sehen, war ebenso anheimelnd, wie es mich bannte, in einer als Dusche umgebauten Werkstatt die weiße Nacktheit des Lebens zu betrachten.

Wir konnten in Israel nicht leben und so schaffte es meine Mutter dank einer Visafälschung, das Auswanderungsverbot zu durchbrechen und in die Schweiz zurückzugehen.

Nach zwei Jahren, während der sich meine Eltern recht und schlecht wieder zusammengefunden hatten, beschlossen sie, nach Deutschland zurückzukehren. Widerwillig meine Mutter, optimistisch mein Vater, der sich dort eine selbständige Existenz aufbauen wollte.

Sie hatte Deutschland 1933 als neunzehnjähriges Mädchen verlassen und war nach Paris gegangen, während mein Vater bis zu seiner Emigration im Jahre 1938 in Essen zionistische Jugendarbeit betrieben hatte.

Frankfurt war die Geburtsstadt meiner Mutter, das Frankfurter Ostend ihre tabuierte und für sie beschämende Herkunft. Zwei ihrer sechs Geschwister und ihre fast gleichaltrige Lieblingscousine wurden 1938 nach Polen ausgewiesen und dort 1941/42 vergast.

Nach Frankfurt zurückgekommen, war für meine Mutter unmöglich. Sie tat es dennoch, da sie glaubte, ohne ihren Mann nicht auskommen zu können.

Jahre später, schon todkrank, offenbarte sie mir: „Weißt du, nach Deutschland zurückzugehen war für mich wie an offene Gräber zu treten."

Als ich nach langer Fahrt über Landquart, Chur, Zürich und Basel in Frankfurt aus dem Zugabteil schaute, war mir, als schmecke die Luft nach nichts. Im Vergleich zur Davoser Luft mit ihrem scharfen und frischem Aroma war hier nichts zu verspüren, füllten sich die Lungen nicht, fehlte der gewohnte Widerstand. Auf dem Bahnsteig wartete mein Vater in einem langen schwarzen Mantel. Aus dem Fenster sehend wurde ich Zeuge einer seltenen Szene: Er umarmte meine Mutter. Durch die offenen Streben der ausgebombten Kuppeldächer des Bahnhofs brach weißes Licht. Doch der grelle Tag wurde durch Grau in allen Schattierungen abgedämpft: der Schmutz des Bahnsteigs, das rauchige Schwarz der Metallträger, der Filz von Vaters Mantel, die unbestimmbare Melange der Kappen und Jacken der Passanten.

Aus der Sonne ins Diesige, aus dem Geviert ins Fragment, von Davos nach Frankfurt: Wir traten auf den Bahnhofsvorplatz, der von Asche, Schutt und

Trümmern erfüllt und umgrenzt war. Anstelle des Graus im Innern des Bahnhofs dominierten nun kalkiges Weiß und Sandsteinrot. Ich war aus der Idylle in der Nachkriegszeit angekommen.

Im „Heidelberger Hof", den wir nach einem kurzen Marsch durch die von Ruinen gesäumten Straßen erreichten, wohnte mein Vater schon länger. Er war ein halbes Jahr vor uns nach Frankfurt gegangen. An der Rezeption sah ich zum ersten Mal einen amerikanischen Soldaten in seinem olivenen Rock.

Wir bewohnten ein kleines Zimmer im zweiten Stock, das von einem Doppelbett aus Birkenholz, einem Kinderbett sowie einem Schrank fast zur Gänze ausgefüllt war. Es war zu eng und an Bewegungsfreiheit nicht zu denken.

Bisweilen wurde ich im Gutleutviertel zum Einkaufen geschickt. Zumal am späten Nachmittag bedrückten mich die düsteren Straßen. Von dem Eckhaus, in dessen Parterre sich der Lebensmittelladen befand, war lediglich der erste Stock stehengeblieben. In der Dämmerung des Geschäftes mußte ich des öfteren mehrere Flaschen kalten Kakaos kaufen. Ich mochte weder diese Flaschen noch ihren Inhalt. Der Kakao schmeckte sandig und viel zu süß und klebte am Gaumen. Eher blaß als braun stellte er den Hintergrund für ein Etikett dar, auf dem ein Knabenkopf mit hellem Schopf abgebildet war.

All die Jahre, die ich später im Intercity zwischen Göttingen, Hamburg und Frankfurt pendelte, mußte ich an jenes unsympathische Knabengesicht denken. Ausgestiegen bin ich in der Bischofsstadt nie.

Ich quengelte bei meinem Vater, daß ich den Jungen auf der Flasche nicht mochte. Noch konnte ich nicht lesen, die rote Schrift unter dem Bild war eine Ansammlung bedeutungsloser Zeichen. Aber die drohende Stimme meines Vaters klingt mir noch heute in den Ohren: „Laß ja den ‚Fulda-Bub' in Ruhe!" Er hatte sich entschlossen, seinen Frieden mit dem deutschen Volk zu machen.

Oft saß er aufgeregt, atemlos und wütend auf dem Doppelbett aus Birke und rauchte eine Zigarette nach der anderen. Das war an dem Tag, an dem ich seine Stimme doppelt hörte und meine eigene verkannte, nicht anders. Zuviele Knöpfe und zu wenig technische Sachkenntnis! Das Tonbandgerät, das er als Unterpfand auf die künftige Existenz eines freien Übersetzers trotz erheblicher Geldknappheit gekauft hatte, funktionierte plötzlich nicht mehr.

Ein Tonbandgerät war seinerzeit nicht billig und jede überflüssige Ausgabe wirkte unmittelbar existenzbedrohend. Der wehe Ausdruck im Gesicht meiner Mutter signalisierte unverblümte Angst, die sofort auf mich übersprang.

Nach nur drei Wochen saßen wir wieder auf Koffern. Meine Mutter war entschlossen, dem zu kleinen Hotelzimmer, ihrer tiefen Unsicherheit und der Stadt Frankfurt zu entkommen. Einige Wochen später zogen wir alle zusammen um – innerhalb Frankfurts. Auch dieser Fluchtversuch meiner Mutter endete vergebens wie so viele andere. Angst und Schuldempfinden waren stärker als ihr Wille zu einem anderen Leben.

Wir bezogen ein Altbauzimmer mit Wohnküche in der Finkenhofstraße. Haus und Wohnung muteten mich unheimlich an. Der große Flur, der sich zwischen Zimmer und Küche erstreckte, lag aus Gründen der Stromersparnis stets im Finstern. Herrn Eisenmanns Stimme klang rostig und er sah es nicht gerne, daß ich mit seinen Kindern, einem Mädchen und zwei Buben, spielte. Frau Eisenmann erschreckte mich, als ich alleine in unserer Küche saß, indem sie mit einer Nikolausmaske zur Tür hineinsah und mich ermahnte, nicht immer so laut über den Flur zu gehen.

Als Familie Eisenmann Weihnachten feierte, war ich eingeladen, nach der Bescherung den Weihnachtsbaum zu bewundern. Über den finsteren Gang leuchtete der Schein ihres Wohnzimmers. Ich wartete und wartete, endlich an Eisenmanns verheißungsvoller Weihnachtsfeier teilnehmen zu können. Auf mein hartnäckiges Drängen klopften meine Eltern drei- oder viermal mit der Frage, ob ich denn nun den Baum ansehen dürfe, im Weihnachtszimmer. Dabei blieb es und ich hörte, daß wir Juden eben unser Chanukkafest hätten, das ich schon aus Davos kannte. Bald darauf stellten wir unseren neunarmigen Leuchter auf einen Sims und sangen das traditionelle Lied Maos Tzur.

Im zweiten Stock der Finkenhofstraße wohnte der alte, immer nach kalten Zigarren stinkende Herr Pracht mit seinen rosigen Bäckchen und im dritten Stock eine entfernte Nachfahrin Johann Wolfgang von Goethes, die einen mongoloiden Sohn hatte.

Die kleine, von Bäumen überschattete Straße, Hinterhöfe, Mauern und Mülltonnen waren unser Spielrevier. Klein, schwarz und häßlich tauchte eines Tages eine alte Frau mit schlohweißem Haar auf und sprach uns an. In unserer Angst wußten wir, daß sie nur eine Hexe sein konnte. Wir schrien, bis Frau Eisenmann vom Balkon herab die alte Frau schimpfend verjagte.

Im Herbst stöberte ich mit einer Schaufel im Laub herum, rannte von der Straße zum Hof und zurück. Eines solchen Tages bedrohte mich eine Gestalt in Anorak und Kapuze, einen Schal vor dem Mund und einen Revolver in der Hand. Die Gestalt verfolgte mich bis in den Hof und wich erst, als Mutter auf mein lautes Rufen hin aus dem Fenster blickte. Damals glaubte ich sterben zu müssen.

Im Dezember kam mein ewig kranker Vater, der seine Gesundheit durch jahrzehntelange Überanstrengung während der Verfolgung und seines unermüdlichen Einsatzes in der Flüchtlingshilfe ruiniert hatte, ins Krankenhaus. Es war das erste Mal, daß ich das bewußt miterlebte. Was meiner Mutter Fluchtpläne zu ihrer Schwester nach Paris waren, waren meines Vaters Krankheiten. Kein Jahr ihrer Ehe würde in Frankfurt vergehen, das er nicht Wochen oder Monate im Krankenhaus oder im Sanatorium zubringen sollte.

Als ich ihn das erste Mal in einem jener baufälligen Ziegelpavillons der Universitätsklinik besuchte, tätschelte er wohlgefällig meinen Kopf, blieb mir aber ganz fremd. Meist wartete ich auf den langen gekachelten und lysolgereinigten Gängen. Die Zeit vertrieb ich mir mit dem Lesen von Mickymausheften und dem Legen von Autoquartettspielen. Ab und an fiel der mitleidige Blick einer vorübergehenden Krankenschwester auf mich.

Um von der Finkenhofstraße zur Universitätsklinik zu kommen, mußten wir mehrmals die Straßenbahnen wechseln. Die cremefarbenen, sommers offenen und laut klingelnden Bahnen, in denen der Schaffner die Stationen ausrief, überwanden nur mühsam die Steigung der Brücke, die von Frankfurt nach Sachsenhausen, Station Gartenstraße, an der sich der Eingang zur Klinik befand, führte. Der Name der ersten Station hinter der Brücke hatte einen mir unverständlichen Klang. Ich wußte nichts von den Vergnügungen der höheren Klassen und auch das Altgriechische sollte ich erst zehn Jahre später lernen. Mein Vater, der selbst im Alter von vierzehn das Gymnasium verlassen mußte, um bei einem Geschäftsfreund seines Vaters ‚Schuhverkäufer zu lernen', war der Meinung, daß ein gebildeter Mensch Humanist zu sein habe.

Ich wollte wiederholen, was ich gehört und verstanden hatte. Als der Schaffner an einem matschigen, wolkenlosen Wintertag wieder den eigentümlichen Stationsnamen ausrief, krähte ich lauthals durch den ganzen Waggon: „HITLERTHRON!" Meine Mutter lief rot an, ihre Brauen hoben sich vor Zorn und Scham, sie legte ihre Hand auf meinen Mund und wir stiegen sofort aus, um den Rest der Strecke zu Fuß zu laufen. Heute gibt es diese Haltestelle nicht mehr. Die erste Station hinter der Friedensbrücke heißt heute Stresemannallee. 1952 hieß sie, einem Gebäude entsprechend, das infolge des Krieges längst nicht mehr stand, „Hippodrom".

Die Spielsachen, die ich als Geschenk zu meinem ersten Geburtstag – ich wurde fünf – in Frankfurt geschenkt bekam, regten meine Phantasie nachhaltig an. Es waren Ritterfiguren zu Fuß und zu Pferde. Bunt von Hand bemalt, saßen sie entweder auf einem grauen Roß oder standen auf einem kleinen Plateau – Roß und Reiter kosteten eine Mark vierzig, ein Landsknecht zu Fuß fünfzig Pfennige. Im Lauf der Jahre wuchs der Grundstock von drei Waffenknechten und einem Ritter zu einem Heer von bald einhundertfünfzig Figuren, die ich an endlosen Nachmittagen auf Böden und Teppichen, zwischen Holzburgen und Blockhäusern in rituell-feierlichen Formationen, in Pyramiden und Kreisen, Phalanxen und Ovalen anordnete. Dem großen Bildband, den mein Vater eines Tages – wohl nicht für mich – mitgebracht hatte, konnte ich trotz aller Neugier wenig entnehmen. Bis auf ein Bild wiesen seine schwarzweißen und grauen Bilder für mich keinerlei Konturen auf. Auf diesem Bild waren viele Männchen zu sehen, die sich in unterschiedlicher Dichte auf und vor einer Art Bühne drängelten – einer Bühne, auf der an einem Podium eine Figur stand. Über dem Podium hing ein großes Zeichen. Ich sah dieses Zeichen später noch oft, zuerst wieder auf den Heckflossen von Modellflugzeugen.

Der höchste jüdische Feiertag, der Versöhnungstag im Herbst, ist ein Tag des Fastens und der ernsten Einkehr. Eine gedämpfte bis gedrückte Stimmung durchherrschte die große Synagoge in der Freiherr-vom-Stein-Straße, an der auch das unaufhörliche Gewisper auf der Frauentribüne, an dem sich meine Mutter stets stieß, nichts ändern konnte. Die riesige Kuppel mit ihren nach oben immer heller werdenden Farbdreiecken wirkte auf mich himmlisch und mystisch. Über dem Thoraschrein, der auf einer mehrere Stufen hohen Marmortribüne in die Wand eingelassen war un den beiderseits zwei Löwen aus blaugoldenen Mosaiksteinen flankierten, strahlte ein riesiger Davidstern aus ebensolchen Mosaiksteinen von der Stirnwand der Synagoge herab. Aber ich konnte mir nicht helfen, lange Jahre hatte ich immer dieselbe Vision: Ich hörte es knirschen und bohren, schmeckte feinen Kalkstaub auf der Zunge und mußte mit ansehen, wie der Davidstern über dem Schrein erste Risse zeigte, um allmählich in tausend Stücke zu zerbersten, die auf die Marmortribüne herunterfielen. Und hinter dem zerbröckelnden Davidstern schob sich ein riesiges schwarzes Hakenkreuz an die Stirnwand der Synagoge.

Nach zwei Jahren kündigten uns Eisenmanns die Untermiete. Die schon lange bestehenden Spannungen waren nicht mehr aufzulösen, als sich die siebenjährige Tochter, der fünfjährige Sohn und ich in der Toilette eingeschlossen hatten, um unsere Hintern und Geschlechtsteile zu betrachten. Die empörten Eisenmanns waren nicht willens, ihre Kinder weiterhin einem so verderberischen Spielgefährten wie mir auszusetzen.

In einem unansehnlichen Haus mit einem Schneiderladen und einer Bierkneipe im Erdgeschoß fanden wir eine Dreizimmerwohnung mit Ofenheizung im ersten Stock zu einer erschwinglichen Miete. Unsere Vormieter waren wie wir Juden gewesen, und an allen Türen hingen noch Mesusoth, kleine Pergamentrollen, die mit hebräischen Gebeten beschrieben sind. Die Eppsteinerstraße war auch 1954 noch zu einem großen Teil zerstört. Um von dort zur Straßenbahnhaltestelle an der Bockenheimer Landstraße zu gelangen, mußten wir die Freiherr-vom-Stein-Straße passieren.

Auf diesem Weg und in jenem Jahr lernte ich religiöse Toleranz. Zwischen den Einmündungen zweier Querstraßen lag an der Freiherr-vom Stein-Straße die Ruine einer Kirche. An der Hand meiner Mutter überquerte ich auf dem Heimweg von der Straßenbahnhaltestelle die Straße, auf deren gegenüberliegender Seite die zerstörte Kirche lag. Es war spät und die Dämmerung fiel über den abkühlenden Asphalt, die Kastanien mit ihren ausladenden Ästen verschwammen mit dem rötlichen Widerschein des zerstörten Gotteshauses. Auf der anderen Seite der Straße riß ich mich von der Hand meiner Mutter los, rannte auf die Ruine zu und spuckte sie an. Ich wurde schmerzhaft am Arm gerissen, starrte in die vor Wut kugeligen Augen meiner Mutter, wich vor ihrer drohenden Hand zurück und vernahm ihre bebende

Stimme: „Micha, ich will, daß du das nie wieder tust...“

Nein, das Kind aus Graubünden wollte nicht in dieser Trümmerlandschaft mit ihren unverständlichen Bedeutungen bleiben. Ich sehnte mich nach Hause, nach Davos, nach der Übersichtlichkeit der Kleinstadt und den bergenden Alpen, wollte wieder das vertraute Schwyzerdütsch sprechen.

Aus den Bergen in die Stadt Frankfurt – das war das Thema zweier damals häufiger aufgeführter „Heidi“-Filme, in denen ich mein beklagenswertes Schicksal wiedererkannte. Die opulenten Bilder saftiger Matten, bläulicher Gipfel und unbegrenzter Ausblicke, das unheimliche Stadthaus in Frankfurt – Heidi teilte meinen Lebensweg.

Ich weinte, zerrte und klagte, nachdem ich diese Filme gesehen hatte. Mein Heimweh nahm solche Ausmaße an, daß meine Eltern mir den Besuch der Filme verboten.

In Johanna Spyris Roman ermahnt die Base Dete das Heidi: „Sei doch nicht so dumm und störrig wie eine Geiß, denen hast du's abgesehen... Du weißt gar nicht, wie schön es ist in Frankfurt und was du alles sehen wirst, und gefällt es dir dann nicht, so kannst du wieder heimgehen.“

Nachtrag 1958

Wir lebten nun bald vier Jahre in der Eppsteinerstraße. Im Sommer war nicht an Schlaf zu denken, weil sich entweder der kinderfeindliche Schneider Günther mit seinem blinden Vater und seinen beiden halbwüchsigen Söhnen nachts laut singend betrank oder die letzten Zecher gröhlend, kreischend und schlägern die „Eppsteinerklause“ verließen.

Im Winter ging mein Vater regelmäßig ins Krankenhaus oder ins Sanatorium, um ein chronisches Lungenleiden, das sich in Husten, Atemnot und Depressionen auswirkte, behandeln zu lassen. Zu Hause war er immer häufiger bettlägerig. Im August waren die Abende lang und ich durfte auch noch nach acht Uhr auf der menschenleeren Straße spielen. Ich hatte Stelzen geschenkt bekommen und stakte über Schlaglöcher, Teerflecke und Granitplatten. Zwischen den Dächern, oben im Blauen, segelten die Schwalben. Ab und zu fuhr ein Auto vorbei, ansonsten Stille.

Beim Abendessen, zu dem ich endlich müde vom Staken nach Hause ging, eröffneten mir meine Eltern, daß noch heute abend ein alter Freund meines Vaters mit seiner Familie zu Besuch kommen werde. Er sei Schaliach, was so viel wie Bote heiße und solle jüdischen Kindern über Israel erzählen. Die elektrische Schelle schnarrte, meine Mutter öffnete und ein kleiner Mann mit Bart und Brille, eine picklige, junge sowie eine schwarzhaarige Frau im Alter meiner Mutter und ein Mädchen traten ins Wohnzimmer. Mein Vater sprang von der Couch, auf der er gelegen hatte, und umarmte den etwa zwei Kopf kleineren Mann. „Baruch!“, „Josef!“ Baruch hatte früher, vor neunzehn Jahren, 1938 in Essen, noch Robert geheißen und war Mitglied einer Jugendorganisation gewesen, für die mein Vater hauptamtlich gearbeitet hatte.

Ich wußte damals nicht mehr, daß ich dort, von wo der Besuch gekommen war, schon einmal gelebt hatte – in Israel. Ich gaffte nur das Mädchen, ihre Kulleraugen, ihr honigfarbenes Haar an und konnte auch an den folgenden Tagen nicht aufhören, an sie zu denken. Ihr Name tönte in meinem inneren Ohr, ich kritzelte ihn während der Schulstunden unentwegt auf die Löschblätter meiner Hefte – zur Tarnung als Palindrom.

Vor dieser ersten Liebe verblaßten Heidis Alpen und meine Fluchtphantasien, Tagträume und Ausbruchswünsche knüpften sich für die nächsten zehn Jahre an eine andere Landschaft, die ich mir zwar nur als Wüste vorstellen konnte, von der aber sowohl Baruch als auch meine Eltern standhaft behaupteten, daß dort alles ganz anders sei.

Katharina de Fries
Berührungsangst

Als ich sechs Jahre alt war, brach der Krieg aus. Ich kam in die Schule. Der Krieg, das war etwas, das meine Oma zum Weinen brachte, das Gesicht meines Vaters blasser und härter werden ließ, das weit weg, völlig unerklärlich und für mich so ähnlich war wie Onkel Kurt, von dem ich durch viele belauschte Erwachsenengespräche wußte, daß er ein Aas, ein Schweinehund, ein verdammter Narr, ein widerliches Schwein war, den ich aber noch nie gesehen hatte. Die Schule dagegen, das war nah und wirklich, war das eigentliche Problem meines kleinen Lebens.

Da gab es den Hannes. Er war der Sohn des Dorfsäufers, lebte mit seinem Vater in einer Hütte im Wald, war schon zweimal sitzengeblieben, stank und kam immer zu spät. Und da war Herr Leiblich, der uns als erstes beibrachte „Heil Hitler" zu sagen, den rechten Arm auszustrecken und „die Fahne hoch" zu singen. Während wir sangen, ging er durch die Bankreihen, und wehe, eines der kleinen Ärmchen sackte auch nur einen Zentimeter ab – dieses Scheißlied hatte fünf oder sechs Strophen –, dann hieb er mit einem Lineal, das lang und dünn und scharfkantig war, auf die lasche Hand des „Verräters".

Das war jedoch nicht das Schlimmste. Abends, wenn ich im Bett lag und nebenan die besorgten Stimmen der Erwachsenen hörte, die über den Krieg redeten, packte mich ungläubige Verzweiflung. Die waren so weit weg, die wußten überhaupt nicht, was wirklich los war in der Welt. Die wußten nichts von den Qualen der Kinder in der ersten Klasse, die wußten überhaupt nicht, worauf es ankam.

Im Lehrerzimmer im ersten Stock des alten

Schulgebäudes gab es einen Wandschrank. In diesem Wandschrank standen sauber aufgereiht Bambusstökke unterschiedlicher Stärke. Dieser Wandschrank mit seinem makabren Inhalt bildete immer öfter den Kern meiner Alpträume. Wenn nämlich, was ziemlich oft vorkam, der Hannes eine Antwort nicht wußte, wenn er zu spät kam oder, was ebenfalls reichlich oft geschah, wenn er Herrn Leiblich widersprach, dann passierte es:

Herr Leiblich rief einen Schüler oder eine Schülerin auf und befahl, aus dem Wandschrank im Lehrerzimmer den Rohrstock Nummer soundso zu holen. Die Nummer bezeichnete die Stärke des gewünschten Stockes, und die Stärke bestimmte sich nach der Schwere des Vergehens von Hannes.

Zuspätkommen bedeutete Nummer drei, etwa Daumendicke. Eine Antwort verweigern konnte bereits Nummer zwei – zwei Finger – heißen. Widerspruch aber hieß in jedem Falle Nummer eins, ein langer, dünner Stock, der beim Zuschlagen zischte und Stücke aus der Haut riß. Hannes wurde geschlagen, er mußte die Schläge zählen, und das alles spielte sich im Klassenzimmer einer ersten Volksschulklasse ab und nicht in einem KZ.

Eines Nachmittags, ich half meinem Großvater im Garten beim Unkrautjäten, überwand ich die unsägliche Angst und den tiefen Schrecken, der mir bis dahin den Mund verschlossen hatte, und erzählte von den Stöcken und Herrn Leiblich und von Hannes.

Mein Großvater, ein hagerer großer Mann, bärtig und von hitzigem Temperament, richtete sich auf. Er betrachtete mich einen Augenblick nachdenklich, als hätte er mich lange nicht gesehen.

„Der Hannes“, sagte er dann, „das ist kein Umgang für dich. Halt dich von dem fern.“

Ich schaute zu ihm auf, erstarrt am Boden kauernd. Ich liebte meinen Großvater. Er war pensionierter Beamter, nahm sich viel Zeit für mich, war mit mir geduldiger als mit jedem anderen Menschen, erklärte mir die Pflanzen im Garten und im Wald, zeigte mir die Vögel und nannte ihre Namen, er erzählte mir jeden Abend vor dem Schlafengehen eine Geschichte. Ich vertraute ihm. Ich schaute ihn an und verstand nichts. Vor Verzweiflung schossen mir die Tränen in die Augen. Hatte ich mich nicht klar ausgedrückt?

„Er schlägt ihn mit dem Stock, der Leiblich", würgte ich heraus. „Er hat geblutet gestern, der Hannes. Und wenn ich den Stock holen muß...?" Ich heulte hemmungslos. Mein Großvater zog mich hoch und setzte sich mit mir auf den alten Pferdeschlitten, der statt einer Bank im Garten stand. Leise redete er auf mich ein, wollte erklären, beschwichtigen. Ich verstand nur eines: Verrat. Ich war zum ersten Mal in meinem Leben völlig allein. Ich konnte mich nicht mehr verständlich machen. Allein stand ich vor einem Problem, das ich weder gefühlsmäßig noch intellektuell begreifen konnte, das mich mit Entsetzen erfüllte und nach Hilfe schreien ließ.

Nur unklar erinnere ich mich an die Ermahnungen meines Großvaters. An seine Versuche, „gerecht" zu urteilen. An seine Worte: „Das hat sich der Hannes doch nur selber zuzuschreiben" und „du hältst dich da raus, ich verbiete dir, mit dem Hannes zu spielen, das ist kein Umgang für dich." All das machte den Schrecken nur noch tiefer, unerklärlicher, unaushaltbarer.

Jeden Morgen zitterte ich bei dem Gedanken, Leiblich würde meinen Namen aufrufen, ich müsse die Treppe hinauf und die langen Gänge hindurch bis zum Lehrerzimmer gehen, den Wandschrank aufschließen, den Stock herausholen, zurück über die schwarze geölte Treppe... durch die Bankreihen hindurch, dem Leiblich den Stock in die Hand geben, mich umdrehen, zu meinem Platz zurückstolpern, Hannes nicht ansehen, nur das nicht, und dann...

Es wurde früh Winter in diesem Jahr. Meine dicke, liebevolle Großmutter half mir des morgens vor dem warmen Herd beim Anziehen, stellte mir heiße Milche mit Honig hin, begleitete mich bis zum Gartentor und kam mir wie ein verlogener Spießgeselle jenes Leiblich vor, zu dem sie mich schickte. Ich wurde blaß und dünn, obwohl es in jenem ersten Kriegswinter noch kaum Entbehrungen gab. Nachmittags verzog ich mich in das nahegelegene Wäldchen, allein, ich hatte keine Lust mehr, mit den anderen Kindern zu spielen. Ich hatte eine Haselgerte geschnitten und hieb mir wieder und wieder damit über den Arm, ich übte, wie lange ich es aushielt, ohne zu schreien. Hannes schrie nie.

Dann kam Vetter Gerhard zu Besuch. Er war zwei Jahre älter als ich, lebte in der Großstadt und sein Vater war jener Onkel Kurt, das widerliche Schwein. Ich erzählte Gerhard von Leiblich und von Hannes. Während ich erzählte, spielte ich mit meiner Haselgerte, und als Gerhard anfing zu lachen und schrie: „Dem geschieht's doch recht, dem Dreckschwein, totschlagen müßte man solche..." Da endlich löste sich etwas in mir, ich hob die Gerte und schlug zu, mit aller Kraft und immer wieder, dem völlig überraschten Vetter über den Kopf. Er schrie und versuchte sich zu schützen, stolperte und schlug hin, ich schlug immer heftiger auf ihn ein, bis ich schließlich den Stock hinwarf und davonrannte.

Als ich nach Hause kam, waren alle versammelt,

Mein Großvater und die Oma, meine Tante Leni und meine beiden Schwestern. Sie betrachteten mich scheu, voller Abscheu und Verachtung, aber auch mit einer gewissen Neugier. Mein Großvater nahm mich mit in sein Arbeitszimmer, er erklärte, daß Gerhard ins Krankenhaus gebracht werden mußte, weil ich ihm mit der Gerte das halbe Ohr abgerissen hatte. Er brüllte, mein Großvater, was ich mir denn dabei gedacht hätte, und was überhaupt in mich gefahren sei... Ich schwieg und schaute ihn nicht an. Als er sich ausgebrüllt hatte, befahl er mir, mich anzuziehen, um mit ihm sofort ins Krankenhaus zu gehen und mich bei meinem Vetter zu entschuldigen. Ich schwieg, zog mich an und ging an seiner Hand in das Krankenhaus, durch die langen Korridore mit dem Karbolgeruch, mir wurde schwindelig und ich stand halb benommen schließlich vor dem Bett meines Vetters. Ich sagte, daß es mir leid tue, betrachtete jedoch mit stiller Befriedigung seinen verbundenen Kopf.

Am nächsten Tag rannte ich nach der Schule in den Wald, versteckte mich in der Nähe der Hütte, in der Hannes und sein Vater wohnten. Ich sah Hannes herankommen, mir klopfte das Herz, ich ging auf ihn zu. Er schmiß Tannenzapfen nach mir, schrie, ich solle machen, daß ich wegkomme. Zögernd kehrte ich um. Ich malte mir aus, daß ich den Stock vor den Augen Leiblichs zerbrechen würde. Ich träumte, mein Großvater käme in die Klasse und würde Leiblich laut einen Verbrecher nennen. Ich hoffte, mein Vater würde zurückkommen und mich mitnehmen, irgendwohin, wo es keine Leiblichs und keine Hannes gäbe. Nichts von alledem geschah. Eines Tages war ich an der Reihe, ich holte den Stock, gab ihn Leiblich in die Hand.

Zwei Jahre später zogen wir um. Mein Vater hatte zwei französischen Kriegsgefangenen die Flucht ermöglicht und war von der Gestapo abgeholt worden. In der Kreiszeitung stand, er wäre ein „Volksfeind". Meine Oma weinte und murmelte: „Sie werden ihn erschlagen, erschlagen werden sie ihn, ach Gott, ach Gott..." Mein Onkel Kurt trug die Uniform der Nazis und hatte und sie neue Wohnung besorgt. In der Stadt kannte uns keiner. Mein Großvater ging blaß und seltsam ruhig umher, und ich horchte wie gewöhnlich abends im Bett auf die Gespräche der Erwachsenen.

„Tret in die Partei ein, Heinrich", flehte meine Großmutter. „Sonst holen sie uns noch alle ab."

„Sei still, Frau", sagte mein Großvater.

Ich ging in eine neue Schule, dort wurde nicht geprügelt. Ein großes, maushaariges Mädchen namens Hilde saß neben mir. Sie war die Beste in der Klasse, war lieb und geduldig mit mir und erklärte mir die Regeln und Gesetze der Schule. Am dritten Tag lud ich sie ein, zu mir nach Hause zum Spielen zu kommen. Sie war begeistert, meinte aber, sie müsse zuerst ihren Vater fragen. Der stand jeden Mittag vor der Schule und holte sie ab. Er trug die gleiche Uniform wie unser widerliches Schwein. Hilde lief zu ihm hin, ich blieb einige Schritte entfernt stehen. Sie fragte: „Darf ich mit ihr zum Spielen gehen?" und zeigte auf mich. Ich lächelte schüchtern. „Die da ist kein Umgang für dich", sagte der Vater und zog Hilde mit sich fort. Ich ging nach Hause. Mein Großvater hatte das Parteizeichen am Rockkragen.

Ulrike Kolb
Zur Architektur des Erinnerns

Ob du dich erinnerst? Natürlich erinnerst du dich. Oder meinst du nur, dich erinnern zu können und kannst es doch nicht? Tust du so als ob? Eine Erinnerungshochstaplerin? Die Zeit wird zu dunklen, unerklärlichen Zeichen. Alles wird Bild, verschmilzt mit Sätzen und Träumen. Du fragst dich, was ist Erinnerung, was Fantasie.

Was du siehst: ein Mädchen von sechs oder sieben Jahren. Es hockt zu Füßen eines Mannes. War er alt oder kam es dir nur so vor? Jedenfalls hatte er eine Glatze, sie leuchtete wie poliert unter der Sonne. Daran erinnerst du dich. Eine brütende Hitze und Rauch, der aus einem Schornstein quillt. Eine unglaubliche, unfaßbare Höhe, unmöglich, dahinauf zu steigen. Die Welt bleibt auf der untersten Ebene, nichts geht über diese Unmöglichkeit hinaus. Aber die Begierde bleibt: einmal über alles hinweg, einmal alles von oben sehen.

Das Mädchen zu Füßen des Mannes stellt Fragen. Sind ihm die Fragen angetragen worden? Hätten sie sonst nicht gestellt werden können? Die Szene spielt auf einem Balkon, der ein weißes Wohnhaus mit einem Fabrikgebäude aus roten Backsteinen verbindet.

Orte spielen eine wichtige Rolle in der Erinnerung. Sie werden sich im Laufe der Zeit verdichten, zu einer Architektur des Erinnerns verwachsen. Räume auf unterster Ebene und Wände, die den Blick in die Höhe ziehen, über unüberwindliche Mauerränder hinweg. Sie sind immer das erste, was auftauchen wird bei späteren Erinnerungsversuchen. Sie türmen sich auf vor wörtlichen Reden, vor Gesichtern und

Stimmen. Das Gedächtnis hat sich Markierungen geschaffen, einen Sandkasten, eine Garage mit einem riesigen Holztor, eine ausgekachelte Fabrikhalle, einen Hof, aufgefüllt mit Zuckerrüben, jenen Balkon.

Das Mädchen preßt sein Gewicht auf die Ferse. Der Mann hat fleckige, von Chemikalien gebräunte Hände. Erzähl doch! Was soll ich erzählen? Von den Frauen! Von den Frauen?

Das Mädchen wird sich später an diese Szene auf eine Weise erinnern, daß es sich fragen wird, ob sie überhaupt stattgefunden hat oder ob sie geträumt wurde. Erzähl von den Frauen, die schreien.

Ob der Mann sich bitten ließ oder ob er bereitwillig auf die Fragen des Mädchens einging, wird später nicht mehr zu klären sein. Ebensowenig wie festzustellen sein wird, ob das Mädchen herbeigerufen wurde oder ob es von selber kam. Der Mann ist längst gestorben. Was sich im Bewußtsein zu einer Geschichte zusammengefügt hat, zu einer festgefügten Architektur, könnte ebensogut nur aus Fäden, Andeutungen, vielleicht nur aus einem einzigen Satz, den der Mann womöglich nur ein einziges Mal gesagt hat, entstanden sein.

Konstruktion von Geschichten als Behelf gegen eine Wirrnis aus Wissen, Ahnungen, und vergeblichen Versuchen, Ereignisse und Personen miteinander in Verbindung zu bringen. Ein Festhalten an Orten und Gebäuden und später, dreißig Jahre danach, immer noch und immer wieder das Spiel um Orte. Utopie, kein Ort, die Rede von Ebenen, richtigen und falschen, eine Sprache, die um Konstruktionen kreist, um Befestigungen, wenn nicht Festungen.

Immer wieder die Versuchung, sich zu sichern, hinter Ansichten, hochgetürmten Herleitungen, Ideal-Bauten von Gesellschaften, Ich-Idealen, Entwürfen von Vorbildern, Bebauungen par-terre, nach wie vor, Schwellen, Toleranzschwellen, Hemmschwellen, und immer wieder der Drang, sie zu zerstören, darüber hinauszukommen, sie zu durchbrechen. Entgrenzung, ein Reizwort der Gegenwart.

Während das Mädchen über das Balkongeländer in eine Industrielandschaft blickt, auf Zäune, auf Werkhallen, Schornsteine, Schrottberge, auf Schlakkenhalden, auf ein Gespinst aus Elektroleitungen, lauscht es den Worten des Mannes. Es hat die Ferse fest gegen das Gesäß gepreßt, daran wird es sich später erinnern. An das Bedürfnis, sich den Körper fest zuzuhalten und die Hände tief in die Achselhöhlen zu klemmen. In Situationen der Verunsicherung wird es als Frau die Angewohnheit haben, die Hände in die Achselhöhlen und die Ferse unter das Gesäß zu schieben.

Hüttengeruch, Flugasche, die sich auf Kleidern und Haut niederläßt, und der Duft faulender Zuckerrüben werden bei späterem Auftauchen immer einen Zauber bewirken. Sie werden die Frau zurückversetzen in die Räume der Kindheit, die sich vergrößern, ausdehnen werden, zu labyrinthischen Verließen, dann wieder zu vertrauten, geheimnisvollen Schutzräumen.

Und die Faszination, diese Räume einmal ganz und gar zu verlassen, diese allgemeine Verlockung des Kitsches vom Hier und Jetzt, diese Gegenwartsmanie einer Generation, aus der sich selbst Klügste und Gebildetste in die Illusion eines aufgebbaren Ich flüchten und in die Tyrannei einer Person, welche ihnen dieses Alleshintersichlassen verspricht.

Der Mann scheint dem Mädchen in diesem Moment sehr alt, das wird es später noch wissen. Er sitzt auf einem Stuhl in der Sonne, und sein Gesicht ist ein anderes als das jenes Marmeladenkochers, der in der rotausgekachelten Fabrikhalle mit den energischen Bewegungen seiner nackten Arme Marmelademassen rührt und mit lauter Stimme junge Fabrikarbeiterinnen in Schach hält. Jetzt trägt dieses Gesicht eine Brille, die ständig auf dem Nasenrücken nach unten rutscht. Jedesmal, wenn sie bis zu den Nasenflügeln herabgeglitten ist, schiebt sie der Mann mit dem Zeigefinger wieder nach oben. Sehr genau wird das Kind sich diese Bewegung merken, der Anblick von schwitzender Haut wird ihm im Gedächtnis bleiben und des goldenen Metallbügels der Brille. Dieses Bild wird sich vermischen mit sträubender Neugier und gebanntem Abgestoßensein.

Der Mann sitzt auf einem Stuhl, gekrümmt und auf eine Weise kläglich, die dem Kind unheimlich ist. Der Mann blickt, in der Erinnerung der Frau, über den Rand der heruntergerutschten Brille hinweg, gedankenfern, wie so oft die Erwachsenen.

Auch wird das Kind sich später merkwürdig genau an den Mund des Mannes erinnern, an vorstehende Zähne und eine sich darüber hochziehende Oberlippe. Das Kind weiß nicht, ob es diese Gesichtsbewegung als Lächeln oder als Äußerung eines Schmerzes deuten soll. Wahrscheinlich war es beides, wird es später als Frau sagen, jenes Gesicht zweifelhaft genau vor Augen, zweifelhaft, weil sich die Frau beim Auftauchen dieses Gesichts und dieses Mienenspiels unmittelbar an andere, diesem Gesicht ähnliche Gesichter erinnern wird und die Züge dieses einen Gesichts nicht mehr genau zu trennen weiß von denen anderer.

Sie trugen Turbane, weil es keinen Frisör und keine Seife gab, sagt der Mann ausweichend. Aber das Mädchen beharrt. Nein, von *den* Frauen! Es muß wohl dazugehört haben, dieses Ritual von Fragen und Antworten bis zum allmählichen Verlassen der Harmlosigkeit. Welche Frauen? fragt der Mann. Die so schreien, sagt das Mädchen. Der Mann seufzt, nimmt die Brille ab und reibt sich die Augen. Das Mädchen sieht zu Boden, ohne Brille sieht der Mann noch schwächer aus. Unanständig schwach.

Diese Zusammenkünfte haben etwas Verschworenes, das Mädchen redet mit niemandem darüber und wird auch als Erwachsene nicht mehr ausmachen können, ob ihr diese Verschwiegenheit aufgetragen worden war oder ob sie Ergebnis eines instinktiven Wissens um einen nicht berührbaren Bereich war. Alles, was mit Grausamkeit, Krieg und Sexualität zu tun hat, verschwimmt in diesem Bereich wie in einem undurchsichtigen Wasser.

Die Kinderspiele hinter zugezogenen Garagentüren sind von der gleichen Heimlichkeit umflort wie die Zusammenkünfte mit dem Marmeladenkocher. Vielleicht sind es besonders die verbotenen Situationen, welche das Mädchen später zu erinnern vermag. Wie grell erleuchtete Szenen schieben sie sich aus dem Grau der allgemeinen Vergangenheit, und vielleicht ist es sogar die aus dieser Gesetzmäßigkeit entstandene Fantasie, die dem Bild auf dem Balkon eine grelle Sonne hinzufügt, wie denen in der Garage einen beweglichen Lichtkegel aus einer Taschenlampe. Was sich in der Garage ereignet, bis die Sache auffliegt, ist dem Kind auch vor der Bestrafung als verboten bewußt. Eine Gruppe von Kindern hat sich hinter dem verschlossenen Tor versammelt, ausgestattet mit Stöcken und einer Taschenlampe. Die Jüngeren, zu denen auch das Mädchen gehört, müssen sich über die Schnauze eines großen Lastwagens legen und ihr entblößtes Hinterteil den Entscheidungen eines ‚Doktors‘ überlassen. Der Doktor ist immer ein Junge und immer einer von den Großen.

Das Mädchen blickt auf die Windschutzscheibe, über die der Lichtkegel flattert, und bietet sich, indem es die Beine weit spreizt, dem Verbotenen ganz dar. So jedenfalls in der später vergegenwärtigten und vielleicht von anderen Erinnerungen verfälschten Szene. Die Lust des Ansichgeschehenlassens vermischt sich mit der Erwartung der Katastrophe des Entdecktwerdens. Die Katastrophe tritt ein, das Mädchen findet sich nach einem beschämenden Donnerwetter, währenddessen es sich, noch entblößt, von der Kühlerhaube windet, im Keller. Von diesem Moment an setzt die Erinnerung aus. Als Frau wird es sich weder an die Finsternis des Kellerraums noch an dabei empfundene Ängste erinnern. Im Gedächtnis wird ihm aber das Gesicht einer Kinderfrau bleiben und der Vorwurf, *das* sei nicht normal. Das Ereignis wird in der Familie nie wieder erwähnt. Das Verbotene, das Nichtnormale und das Unanständige formieren sich zu einer dichten Einheit. Zu einem festen und von einem Mantel der Verschwiegenheit zusammengehaltenen Kern dessen, was sich im späteren Leben des Mädchens als Lust geltend machen wird.

Dieser Kern übt einen magnetischen Sog auf alles Verschwiegene aus, er nimmt alles auf, was jenseits der Aussprechbarkeit auftaucht. Er ist, obgleich in sich chaotisch und mit schlechtem Gewissen durchzogen, ein ordnender Faktor. Auch das, was Krieg genannt wird, flottiert darin und nimmt die verschiedensten Formen an. Etwa die eines zerbeulten, hellglänzenden Aluminiumlöffels, den der Patenonkel des Kindes aus der russischen Gefangenschaft mitgebracht hat.

Diesen Löffel, so die Großmutter, hat der Onkel

selbst gemacht. Das Mädchen möchte die Suppe nur noch mit diesem Löffel essen. Es empfindet dabei eine Lust, die wohl, so wird es als Frau später vermuten, in dem Kitzel besteht, sich an das Unvorstellbare, das mit Krieg, also auch mit Tod zu tun hat, anzunähern. Das Mädchen malt sich aus, wie der Onkel in jenem Rußland, von dem es sich keine Vorstellung machen kann, eine wässrige Suppe ißt. Dieser unblutig blinkende Löffel erscheint dem Mädchen magisch. Er erscheint ihm wie das noch blutige Schwert, mit dem der heilige Georg soeben den Drachen getötet hat. Das Mädchen stellt sich vor, ‚der' Russe könnte diesen Löffel berührt haben. Der Löffel ist wie ein Versprechen auf die Lösung eines Rätsels. Als könne er das Verschwiegene und immer Gegenwärtige, das der Krieg bedeutete, in die Sphäre des Faßbaren befördern. Der Löffel ist sehr leicht und ohne scharfe Kanten, er läßt sich gut in der Hand halten. Es ist, als ob mit ihm die Antwort auf eine Frage zu schöpfen sei, die das Mädchen dem Onkel wohl mehrmals gestellt hat: Hast du denn auch jemand totgeschossen? Denn das wußte das Mädchen, daß Krieg ‚totschießen' bedeutet.

Aber der Löffel hielt nicht, was er zu versprechen schien. Der Onkel, so sagte die Großmutter, hat nicht geschossen, er war Mediziner. Diese Tatsache empfindet das Mädchen fast wie einen Verrat an seiner Vorstellung von Krieg. Daß der Vater einer Schulkameradin vermißt ist, die Mutter nicht wieder heiratet, weil sie auf *ihn* wartet, erhöht diese Vorstellung zu einem Mythos. Eine unerforschliche, geheimniserfüllte Welt der Grausamkeit, in der nicht einmal die Erwachsenen sich auszukennen schienen. Aus der, Liebesgöttern und Königen gleich, die in Goldrahmen gefaßten uniformierten Portraits nicht existierender Väter emporwuchsen. Daß das Kind nicht mit einem solchen Vater aufwarten kann, noch mit einem, der überhaupt im Krieg war, stellt es vor die Frage nach der Männlichkeit, nach der Normalität dieses Vaters. Auch hier hat sich etwas zusammengebraut, das die Großmutter nur mit herabgeminderter Lautstärke andeutet, es geht um eine Krankheit. Den Bestandteilen des Geheimnis-Lust-Kerns fügt sich also die Krankheit bei. Der Vater, so erfährt das Mädchen später als Frau, hat an einer Tuberkulose gelitten, sie hat ihn davor bewahrt, eingezogen zu werden. Der Vater kann noch weniger als die Brüder der Eltern zur Erhellung des Rätsels Krieg beitragen, und das erscheint dem Mädchen irgendwie zweifelhaft.

Es lauscht in die Gespräche der Erwachsenen. Einmal ist ein Herr zu Besuch, dessen Finger an den Spitzen merkwürdig verknorpelt sind. Das Mädchen starrt auf diese Finger. Erst als der Herr das Haus verlassen hat, wagt es, seine Fragen zu stellen. Man hat ihm weh getan. Wie denn? Das ist nichts für dich. Alles, was ‚nichts für dich ist', hat mit jenem unanständigen Konglomerat zu tun, das sich zu jenem Kern zusammengefügt hat. Seine Faszination treibt merkwürdige Träume in die Vorstellung des Kindes.

Abends vor dem Einschlafen malt es sich aus, wie der in den letzten Kriegstagen umgekommene Onkel zerfetzt wird. Es stellt sich vor, wie Bomben fallen und Häuser einstürzen, wobei es sich selbst in die Küche der Großmutter denkt, in den schutzsichersten Raum. Es entwickelt eine Manie, die darin besteht, einen Wollfaden straff zwischen den Mundwinkeln hin und her zu ziehen, bis die Haut aufreißt. Blut scheint dem Geheimnis der Grausamkeit, des Schmerzes und des Todes näherzubringen. Das Mädchen ist gebannt vom Anblick des Blutes. An einem Fastnachtstag beobachtet es einen Jungen, dem die Nase blutet. Er lehnt seine Stirn gegen die Wand und läßt das Blut ungehindert aus der Nase rinnen. Er trägt ein weißes Clownskostüm, hält sein weißbehostes Knie so, daß das Blut darauf tropft und blickt still auf das allmählich sich rötende Weiß. In diesem Moment verliebt sich das Mädchen in den Jungen. Abend für Abend stellt es sich vor, wie der Junge unbewegt, aber mit großer Aufmerksamkeit den Bewegungen der Blutstropfen folgt.

Und immer wieder hockt das Mädchen dem Marmeladenkocher zu Füßen und entlockt ihm die Geschichte von den Frauen, die schreien. Diese Geschichte scheint auch etwas mit Krieg zu tun zu haben zumindest mit Blut und mit Schmerz. Manchmal weigert sich der Mann und fordert das Mädchen auf, mit in seine Wohnung zu kommen, wo auf schwarzen Möbeln Spitzendeckchen liegen und aus Ölgemälden gewaltige schäumende Meerwellen stürzen. Die Implantation des Schuldgefühls hat längst stattgefunden und tut seine Wirkung. Jedes Unerklärliche, jede Ambiguität, wie die Atmosphäre dieser fremden Wohnung etwa, vermischt sich mit diesem Schuldgefühl. Später, als Erwachsene, wird das Mädchen versuchen, die Spuren dieses inzwischen als widerwärtig und ekelhaft empfundenen, weil immer verquer wirkenden Gefühls zurückzuverfolgen. Als Mutter wird das Mädchen sich fragen, warum bei den Überlegungen zur Erziehung der nachfolgenden Generation eine so außerordentliche, ja übertriebene Rolle die Vermeidung des Schuldgefühls gespielt hat.

Die erwachsene Frau wird lange nicht mehr an die Geschichte von den schreienden Frauen denken. Es wird noch Jahre dauern, bis sie eine ‚Ebene' findden wird, mit der Mutter über jene Zeit zu reden. Erst dann wird sie erfahren, worum es sich gehandelt hat bei den Frauen, die schreien. Der Marmeladenkocher war als Homosexueller in einem Konzentrationslager gewesen. Die Frauen, die schreien, sind Häftlinge. Man zwingt sie, nachdem man ihnen die Köpfe geschoren hat, in ein mit heißem Salzwasser gefülltes Becken zu steigen. Aus ihren Achselhöhlen fließt Blut, denn man hat sie aufgeschnitten.

Der Krieg wird mit zunehmendem Alter im Interesse des Mädchens zurücktreten. Angesichts dessen, was mit „KZ“ wachgerufen wird, verliert der Krieg an Bedeutung. Es gab viel Schlimmeres, unnennbar Schlimmes, demgegenüber die üblichen Mittel des Begreifens und des Einordnens unzulänglich blieben. Etwas, das mehr als alles andere jemals, die Strategie des Verschweigens zutage gefördert hat, und das sich doch nicht in jenen einmal entstandenen Kern aus Verschwiegenheiten aufnehmen läßt. Die Architektur des Erinnerns hat Räume, Gebäude, Landschaften in sich aufgenommen, die nie wirklich gesehen worden sind. Die Bewohner dieser Räume, Gebäude und Landschaften vermischen sich mit denen von ‚draußen‘. Es gibt ein Innen und Außen, deutlicher als je sonst. Freundliche Gesichter werden sich zwischen das Geschehene und das Begreifen schieben. Es werden Bilder hinzukommen, die die Möglichkeit des Begreifens noch herabmindern.

Als junge Mutter mit zuviel Zeit wird das Mädchen beschließen, Russisch zu lernen. Sie wird eine freundliche alte Dame finden, die über ihrem Fernseher eine Fotografie von J.F. Kennedy hängen hat. Sie wird erfahren, daß die alte Dame einige Jahre in einem sibirischen Straflager verbracht hat, den Grund dafür aber wird sie nicht erfahren. Die Gesundheit der Lehrerin ist stark angegriffen. Nur noch schleichend vermag die alte Dame sich fortzubewegen. Sie klagt nicht, sie jammert nicht, was ihr in den Augen der Schülerin Hochachtung verschafft.

Mit großer Geduld bringt die alte Dame der Schülerin die fremde Sprache bei, sie erzählt ihr Geschichten und läßt sie die Fabeln von Krylow auswendig lernen. Jahre später wird die Schülerin eine Filmsequenz zum Thema Judenvernichtung sehen. Auf einem Bild aus Ausschwitz ist Doktor Mengele im Kreise seiner Mitarbeiter zu sehen. Unverkennbar blickt aus diesem Bild jenes Gesicht der Russischlehrerin, diesmal in der Rolle einer Krankenschwester. Von diesem Moment an kann sich die Schülerin nicht mehr an den Namen der alten Dame erinnern. Natürlich fragt sie sich, ob dieses Wiedererkennen nicht ein Irrtum sein könnte, ein Irrtum, der schließlich eine ungeheure Beschuldigung nach sich zöge. Aber im selben Moment verwirft sie diesen Zweifel, das Wiedererkennen ist nicht aufgrund eines Verdachts geschehen, sondern spontan, völlig unerwartet, ja ungewollt, denn es bestand keine Absicht, dieser freundlichen alten Dame etwas anzuhängen. Es war da kein ekelhafter Charakter, der eine solche Vermutung nahegelegt hätte. Auf ganz andere Leute wäre die Frau gekommen bei der Überlegung, wer eine unheilvolle Rolle in jener Geschichte gespielt haben könne. Vor ihrem geistigen Auge tauchen in äußerster Genauigkeit Details aus dem Bild der alten Dame auf. Der Mund, daran hatte sie sie erkannt, ein unverkennbares Lachen. Und die Hände, die Fingerspitzen und die Fingernägel, wie sie eine Schriftzeile entlangfahren. Daß eine Hand nicht verrät, was sie getan hat, ein Gesicht nicht, wem es sich zugewandt, ein Mund nicht, was er gesagt.

Freundliche Gesichter wie das der alten Dame schieben sich in die Landschaft der Erinnerung. Diese Landschaft hat eine in der Geschichte der Menschheit einzigartige Wirklichkeit in sich aufgenommen. Erdkruste, die sich über menschlichen Körpern wölbt und aufbricht. Berge aus Menschenleibern. Dies sind keine surrealistischen Bilder, keine Traumangebote. Es ist eine Wirklichkeit jenseits aller Kennzeichnung. Jedes Wie-Wort trifft hier nicht zu. Die Vermischungen von menschlich bewegten Gesichtern und jener Landschaft haben ihre Wirkung auf unser Bewußtsein. Sie äußern sich in jenen Ausrutschern, die keine Ausrutscher sind. In Sätzen, die das sagen, was uns, der Nachkriegsgeneration, durch Schweigen in den Mund gelegt worden ist.

Das Mädchen wird als Erwachsene auf einer Reise nach Israel wieder in die Nähe von Krieg geraten. Ein Mann, den sie dort kennenlernt, wird seinen Arm nicht um ihre Schulter legen können, weil er durch eine Kriegsverletzung unbeweglich geworden ist. Die Eltern dieses Mannes sind als Flüchtlinge vor den Nazis hierhergekommen. Der Mann hat sich das Land, in dem er geboren wurde, nicht ausgesucht. Genausowenig wie die Frau das ihre. Aber während sie selbstverständlich in ihrem Land lebt, muß er seine Anwesenheit in seinem Land rechtfertigen. Du kannst doch auswandern, sagt ihm ein Deutscher. Du kannst doch verweigern, ein anderer. Die Frau erinnert sich in dieser Situation, daß einige ihrer Freunde in Ausbildungslagern radikaler Palästinenser mit der Schußwaffe umzugehen gelernt hatten. Der Mann lacht, als sie es ihm sagt. Er lacht darüber hinweg. Die deutschen Freunde pochen auf die Gegenwart. Sie pochen darauf herum, als wäre die Gegenwart etwas Magisches, als wäre sie eine Trommel, auf der man Töne zum

Austreiben der Vergangenheit hervorzaubern kann. In dieser Zeit wird die Frau ihre nationale Zugehörigkeit zum ersten Mal als etwas erfahren, was sie nicht einfach ablegen kann. Wie eine Haut.

Das Gedächtnis hat sich Markierungen geschaffen. Mit eigentümlich markanten Formulierungen widersetzt es sich der Wirklichkeit jener Vermischungen. Bisweilen sogar, indem es die Nähe von Täter und Opfer als entscheidende Erkenntnis vorgibt. Das Gemeinsame aller Versuche, den Vermischungen zu entgehen, sind Trennungen. Trennungen als Ergebnis des Wunsches nach Ordnung. Für diese Ordnung entstehen Mauern. Mauern als deutsches Ordnungsphänomen. Die Architektur des Erinnerns geht über in die Wirklichkeit der Gegenwart. Heidekraut wächst über den Grabhügeln von Bergen-Belsen. Hohe Mauern schützen vor Schändung. Die Stätten der gefallenen deutschen Soldaten haben eine solche Trennung nicht nötig. Die Welt bleibt auf der untersten Ebene, wenig geht über diese Unmöglichkeit hinaus.

Peter Kurzeck
Der Mond war schon vorher da

Wo bleibt denn die Währungsreform? Am Dorfrand seien Wölfe gesichtet worden, gestern in aller Frühe. Einmal ein Samstagmorgen, der vor Regen und Trübnis ganz *trief*äugig war: da kam ein kleines altes Lastauto mühsam ins Dorf rauf durch Schlamm und Dreck, steil bergauf. Kam mühsam dahergekrochen auf abgefahrenen Reifen.

Sind zwo Männer mit Mützen und Stiefeln ausgestiegen. Schmeißen die Türen zu, werfen zwecks Orientierung sachkundig Blicke, beide, im Regen, Fremde. Kein Hinterhalt; das Dorf tat, als schliefe es noch. Sauwetter! Steckten die Köpfe zusammen: wer weiß, zu was sie sich da tun besprechen. Hantierten geheimnisvoll hinten am Auto, vor aller Augen, was für ein komischer hoher Verschlag ist da drauf. Offizielle scheints sind das nicht! Und machten sich dann auf den Weg, mit gesenkten Köpfen, jeder für sich, fluchend vielleicht, doch unverdrossen. Im dünnen Regen durch Matsch und Pfützen von Hoftor zu Hoftor. Gingen durchs ganze Dorf, boten allen Bauern kleine gefleckte Hunde an. Die sind noch jung. Gegen Kartuffeln, Mehl, Brot, Butter, Eier, Milch, Speck oder was ihr sonst geben wollt. Wir lassen auch schon mit uns reden. (Ihre Stiefel, das sieht man ja gleich: alt sind sie, löchrig und abgelatscht, sind ihnen ja vielzugroß!)

Ein reelles Angebot. Jeder hat einen lebendigen Musterhund unter der Jacke, unterm Arm. Noch ganz klein, siehst du, die Augen zu, zitternd, sie atmen, sie winseln im Schlaf. Ganz leise. Sind erst vier Wochen alt oder sechs. Ihr könnt Männchen oder Weibchen haben, ihr guten Leute, ganz wie ihr wollt. Lauter Prachtexemplare. Sie fressen, müßt ihr wissen, ganz wenig, fast nix. Sie brauchen gar nicht erst angelernt werden, parieren aufs Wort. Mutig wie Löwen. Nehmen bescheiden fürlieb mit was du ihnen grad hinstellst: Kleie, Spülicht, Kartuffelschalen, Lehm auch, jede Art Rest und Dreck. Abfall, Stroh, in den Pfützen das Regenwasser, Wegputzer sind das, suchen sich selbst ihr Futter. Keine Stubenhunde. Zeitlebens ein gutes Gebiß und erstklassige Stimmbänder. Jedes Wetter ist ihnen recht, uhr habt ja hier so ein Sauwetter. Mit paar alten Lumpen unter der Stalltür als Schlafplatz sind sie sommers wie winters mehr als wohlversorgt und zufrieden. So liebt der Bauer sein liebes Vieh. Sie würden soundsogroß ungefähr. Ja, richtig, gern auch ein bißchen größer. Ganz nach Belieben. Wachsam sind sie und treu. Denkt auch an Räuber und Diebesgesindel, was passiert jetzt nicht alles im Land. Werden angeblich uralt, ausnahmslos. Und bleiben bis ins hohe, ins höchste Alter rein auf der Höhe. Herrje, da macht euch bloß keine Sorgen nicht drum. Gesund und munter, was heißt denn rüstig? Die ziehen noch eure Urenkel auf Schlitten den Berg rauf. Rein zum Vergnügen. Oder habt ihr hier nie keinen Schnee? Oder mal sagen, ihr kommt jetzt drauf und wollt euch gemeinschaftlich eine australische Schafzucht zulegen. Oder habt ihr schon eine Schafzucht?

Also Hunde, soso. Konnte kein Bauer sich gleich entschließen. Haben wir nicht insgeheim ein ganzes Weilchen schon zaghaft daran gedach? Und sind bloß in letzter Zeit durch den Krieg und die Frau und die Not nicht dazu gekommen. Der Führer soll ja auch einen Hund gehabt haben. Eine Pause des Regens; sowieso will es heut scheints den ganzen Tag nicht recht hell werden. Steht jeder vor seinem eigenen

Hoftor, kratzt sich den Kopf und sagt: Joh also. Daß sie ihm mal auf jeden Fall einen aufheben sollen, einen guten. Ejan kommt, fiera abfoahrn dout, nomol bei mier hej fierboi. Ech wuhn hej. Kann und will jetzt (sinngemäß) noch nix versprechen, aber. Leicht kann er zuguterletzt doch noch einen brauchen, vielleicht. Und schlurften, wie hiesige Bauern so sind, sagten das selbstredend noch ein bißchen umständlicher, jeder auf seine Art, und schlurften einstweilen, ich wohn hier, zurück hintern Ofen; hat jeder seinen. Haben mit allen Wassern gewaschen wieder nicht Ja und nicht Nein gesagt. Wir sehen die beiden Fremden ihren Weg durchs Dorf fortsetzen: Riesenschritte. Überall Pfützen. Wie niedrig der Himmel hängt. So ein trüber Tag hinter kleinen verdrossenen Katenfenstern, wie blind.

Hinterm Ofen: Hund und Preis lang und breit bedenken, Tag gähnt. Und mit dem maulenden Weibsstück, sieht längst wie ihre eigene Mutter oder Großmutter aus, Teufel auch, was sie da mag zusammenbrauen all die verlorenen Jahre, Jahrzehnte, scheints immer einundderselbe Topf und wieviel Platz sie doch braucht, alte Hexe! die Gelegenheit zäh beschwätzen. Wie für die Ewigkeit (heller wirds heute nicht). Auch Nachbarn untereinander, der Schorsch und der Hoinrich. Erweist sich so mancher als Hundekenner. Wie denn auch nicht? Hat doch dieser und jener sich seit dem Krieg, ist der jetzt eigentlich rum oder nicht? Alle paar Wochen, wenn es gerade nicht regnet, fahren vier prächtig geputzte Mohren in einem offenen Jeep einmal langsam durchs Dorf; auf dem Jeep ist ein weißer Stern drauf. Alle vier tun sie mächtig kauen. Seit dem Krieg, seit dem vorigen Frieden, ein richtiger Frieden ist das ja nun nicht gewesen; seit der Kaiser bei Nacht und Nebel auf und davon ist;

unser einserner Großvadder schon, unter Bismarck und im alten Großherzogsländche, hat sich längst wieder einen Hund anschaffen wollen, weißgott.

Aber jetzt plötzlich kommt alles so plötzlich. Da gehören sich doch Absprachen ausgemacht. Da gehört sich der Gemeinderat einberufen, damit er eine Versammlung kann einberufen, damit man sich dann bespricht. Von Rechts wegen. Oder wie soll das vor sich gehn? Jetzt hat es aber da so ein Versammlungsverbot von der fremdsprachigen Militärregierung, die in Lollar sitzt oder wo sie eigentlich sitzt. Eher doch wohl Berlin, falls das noch tut existieren (auch bloß vom Hörensagen).

Der Ortsbauernführer ist nie gewesen, duckt sich, läuft auf seine alten Tage wie sein eigener Knecht herum. Und will sich scheints aus Vorsicht vorerst auch keiner mehr zum Gemeinderat bekannen. Auf einmal. Wie soll das jetzt seine Richtigkeit, ha? Wie denn da sich entscheiden, wenn einem von oben herab keiner dreinreden, keiner zu- und abraten mag. Was die eigene Frau und ihre gefräßige Sippschaft, Gespenster und Vogelscheuchen. Am besten gar nicht drauf hören. Kommt nicht bald das heutige Essen jetzt auf den Tisch? Bis April oder Mai und von Anfang Oktober bis in den Advent hinein gibt es immer Kohl oder Kohlsuppe. Kann man doch auch nicht den Kirchberger Pfarrer fragen, so eine Qual im Kopp. Herrgott, ja oder nein? Und wieviel man geben soll, könnte? (Höchstens die Hälfte und sie zahlen nicht gern auf einmal!)

Schlechte Zeiten. Wie die Fremden ihren ersten Rundgang endlich beendet haben, jetzt gafft schon das ganze Dorf. Was heißt denn die Lage besprechen? Ein kärglicher kurzer Imbiß im kalten Auto, wird so ein Kanten klumpiges Maisbrot gewesen sein, möglichst gerecht in zwei halbe Teile zerbrochen, und ein saurer grüner Chausseebaumapfel für jeden. Die Sorte, die nie reif wird. Oder haben sie vorsorglich gestrige Pellkartoffeln mit, Salz auch (und sitzen und schlucken und ungelernt in die Ewigkeit stieren). Was den Fusel anbetrifft, den man brauchen könnte, ist rar jetzt im Land. Die Musterhunde wieder im Kasten verstaut, ein naßkalter Tag, versteht sich. Es wird Zeit, daß man sich auf den Weg macht. Suchten alle ernsthaften Interessenten, wer noch keinen Hund hat, alle die nicht gleich glaubhaft Nein gesagt haben für jegliche Zukunft und alle Zeiten – Wer heißt denn hier Räuber? Die einzigen Fremden hier seid doch ihr! – oder gar nicht erst vor die Haustür gekommen sind, geduldig ein zweites Mal auf; diesmal gemeinsam.

Wie geht so ein Handel? Kauft Hunde, ihr Tölpel! Das Feilschen an den Hoftoren zog sich trotz Sauwetter bis gegen Abend hin. Ungefähr an die dreißig Bauern, der Bäcker, zwei Metzger, der Oberdorfkaufladen, der Schmied hat Beziehungen, hat einen anderen Hund aus Lumbda, aus Kesselbach versprochen gekriegt, einen Bärenhund, der Schreiner, der Küfer, von den Installateuren war keiner anzutreffen daheim, zwei Weißbinder, der Herrmann schon nicht mehr ganz nüchtern, wo er das Zeug bloß herhat?, aber nur einer von unseren vier Flickschustern (nicht gerade der Fleißigste in seinem Handwerk, eher so ein Hansdampf und Spaziergänger) und wer nicht alles sich auf den vorzeitigen Winter hin seinen eigenen gefleckten Hund eingehandelt hat an diesem einen einzigen Tag. So eine Aufregung, auch noch unverhofft. Der bimssteinhans war grad glücklich beim Aussuchen, da haben seine Frau und seine Mutter und die Mutter von seiner Frau bloß aus der Ferne ganz leise abgelehnt. Beinah nur so die Lippen bewegt ohne Ton, zu dritt, die kennen sich aus. Die wissen wie! Jetzt, vor lauter Wut oder weil sie es ihm befohlen haben, hackt er im eigenen Schuppen Holz wie ein Feindarweiter, Buchenholz. Wird wieder ein kalter Winter. Soll man doch nochmal anfangen und wieder ein Weilchen an Gott glauben? Der Gärtner seinerseits, das stellt sich erst später heraus, hätte gern so einen Hund gehabt; wohl auch prompt auf die Hand bezahlen können, gut und gern. Aber sie haben sein Haus am Dorfrand, hinten am Schindgraben, scheints nicht gefunden als Fremde. Ist von den unsrigen Hiesigen auch keiner darauf gekommen, ihm Nachricht zu geben. Hätten doch leicht ein paar überzählige Kinder losschicken können (zum Schicken hat man sehr praktisch die Kinder; meistens finden sie wieder zurück).

Jedesmal, bis wieder einer mit seinem Entschluß endlich soweit ist, das braucht seine Zeit. Und wer da alles hülfsbereit dabeisteht und Gott behüte nicht dreinreden will, Nachbarn, Nachbarn, was sich an Familie zusammenfindet, da kannst du ins Staunen kommen. Mancher hat Meinungen drei oder vier. Und ganze Scharen von Kindern von Hof zu Hof (daß sie uns nur nicht zu übermütig werden an so einem Tag wie dem heutigen). Und bis dann der Preis in Naturalien endgültig festgesetzt, gar nicht so einfach:

Kartuffeln, Mehl, Zwiebeln und Butter; die Butter bloß theoretisch. Bohnen, Kraut, Speck, habt ihr Bauern denn keinen Speck? Bloß höchstens ranziges Wurstfett ein bißchen. Die Schlachtwürste, das Geräucherte und den Handkäas fressen mier sälwer. Wer kann sich den heutzutag überhaupt noch ein Firkelchen großmästen? In diesen Notzeiten, das ist bekannt, weiß man ja, da legen die Hühner schlecht. Meistens gar nicht. Die Karnickel sind uns ans Herz gewachsen, dann hat der Fuchs sie geholt. Weil das Federvieh ist ihm zu alt gewesen. Daunen? Wo hätten wir denn hier Daunen her, unsereiner? Sind niederes Volk, Herr. Nicht einmal unter dem Kaiser haben wir Daunen gehabt. Solche Reichtümer. Das sind die fetten Erbbauern im Ebsdorfer Grund, die Truhen besitzen und Leinwand und Daunen, gleich wie für die Ewigkeit. Hier bei uns hat es ja nichtmal in guten Zeiten zu einem Festtagsgewand gereicht. Und Schafwolle habt ihr wohl auch nicht? Die letzte Schafwolle hätten sie im Krieg abgeliefert, schon da sind wir ja arm wie die Kirchenmäuse gewesen. Ein paar wenige Gläser Eingemachtes, kostbar, schon ahlb verschimmelt. Und das Pflaumenmus und der Apfelmost gelingen uns auch von Jahr zu Jahr schlechter. Bald wird hier im Dorf keiner mehr übrig sein, der sich da noch drauf versteht. Die Bienen sind längst erfroren. Brennholz und Hafer haben wir selbst nicht genug. Hirse so gut wie gar keine, wo denkt ihr hin? Haben ja nicht einmal Graupen, seit Jahren nicht. Nicht einmal Futterrüben für Mensch und Vieh, die müßt ihr euch in der Wetterau holen. Da hat es auch Sirup und Käse und Obst. Hier bei uns die paar wenigen Tropfen Milch, so selten und kostbar wie Perlen, kommen bei Gott schon als Magermilch aus den vertrockneten Kühen heraus. Auch höchstens nur jeden dritten Tag. Wie denn da noch guten Muts buttern oder verdünnen? Kein Grünfutter und nicht genug Heu. Das Stroh fing schon zu faulen an, bevor wir es unters Dach brachten. Im ganzen Dorf gibt es ja derzeit kaum eine halbe Kuh, die noch fest auf den Beinen steht.

Was den Flickschuster Raith anbelangt, der hat seinen Hund mit fast neuem Kupferdraht bezahlt. Eine ganze Rolle, was sagt man nun dazu? Wird die einzige nicht sein. Was ist das überhaupt für ein Schuster? Statt daß er auf seinem Schemel hockt, treibt er sich ständig allerwegen wie ein Hirsch oder Jagdaufseher in der nichtsahnenden Gegend herum. Wie kommt so ein Schuster, der ehrlich ist, jetzt zu Kupferdraht? Man begegnet ihm hier und dort und weiß keiner, was er im Schild führt. So ein Kerl, der hätte nicht Schuster, der hätte wenn nicht Räuber, dann mit Verlaub Gendarm werden sollen. Aber hier bei uns im Dorf, ob das nun zu unserem Vor- oder Nachteil sein mag, hier hat es von alters her keine Gendarmen. Wir könnten sie gar nicht ernähren. Auch keinen eigenen Pfarrer, der sitzt in Kirchberg. Wir hier, wir können uns selbst kaum ernähren oder sozusagen nur gleichsam unter der Hand.

Ist wieder ein Kauf endlich perfekt, dann geht jedesmal der eine der beiden Fremden, der Fachmann, mit dem Käufer zum Auto. Da kannst du dir dann sachkundig deinen eigenen Hund aussuchen. Was heißt denn aussuchen? Bestenfalls sehn alle gleich aus in dieser Finsternis. Sechs Etagen hat der Verschlag, mit morschen Latten und rostigem Draht ungeschickt unterteilt. Ging es nicht schon auf den Abend zu? Bißchen Spreu und Lumpenwerk spärlich gegen die Kälte und was hier so winselt und knarrt, sind erstens verschlafen die frierenden jungen Hunde, ist zwotens von weit her untröstlich der Wind. Nimmst du jetzt den oder den? Zuckt einer im Schlaf mit den Pfoten, das wird ein leidenschaftlicher Jäger. Schlieft er so mit den Lefzen, liegt da wie ein Unglückswurm, verschluckt sich und sabbert nach Kräften: das ist der geborene Kettenhund. Hat doch jeder im Kopf wie vernagelt lebenslänglich die fixe Idee, es könnte gut sein, er wird nochmal ein Vermögen besitzen. Schon bald oder wann? Das gilt es dann jedenfalls Tag und Nacht gut zu bewachen.

Lieber nochmal was abzuhandeln versuchen, sonst kommt dir am Ende, du könntest womöglich etwas versäumt haben und dann packt dich die Reue. Da bist du auf einmal schon so konfus, daß du gar nicht mehr sagen könntest, wieso du jetzt ausgerechnet den hier, den und keinen anderen so plötzlich im Arm hast. Ist das jetzt der Richtige? Soll wohl so sein. Nimmt er ihn noch einmal und übergibt ihn dir feierlich wieder, lobt deine Wahl und nickt für die Gaffer und schmeißt den Kasten zu; Handschlag. Hat man sich doch über den Gegenwert vorher schon mehrfach mühsam geeinigt, alles längst langwierig ausgehandelt im Hof und im Haus. Aber jetzt auf dem Rückweg, im Regen, in einer Pause des Regens (da tropft es ringsum von den Dächern und Bäumen und fängt auch schon wieder an), da möchte jeder Bauer, den neuen eigenen Hund unterm Arm, die meisten schliefen vorerst oder dösten benommen, möchte zu gern doch noch einen kleinen Nachlaß, ein paar Krümelchen wenigstens rausschinden; heißt man das Hoffnung? Gründe genug. Wollte den ganzen Tag nicht recht hell werden. Und desgleichen nachher nochmal die sparsame fromme Hausfrau, wenn sie zum Schluß die vereinbarten Lebensmittel, drei Eier, sind zwei für euch beide denn nicht genug?, den erfrorenen Kohl, bißchen Lauch, Sellerie, ein paar kostbare Zwiebeln und Mehr, wir haben ja selbst kaum Mehl, zwei Gläser Eingemachtes, und täten viel nötiger doch einen Topf, einen goldenen Topf oder eine neue Milchkanne brauchen, als so einen überzähligen Fleischfresser. Mit was denn und wozu ihn aufziehn? Wenn er uns nicht schon vorher beizeiten krepiert, dann wird er uns arm fressen. Wird uns noch auffressen. Wenn es ein Kälbchen noch wäre, ein Taubenpaar mit sechs Jungen im Frühling. Der Frühling ist weit.

Die einzige Ziege ist uns schon im vorigen Winter verhungert, die Geiß, die arme Else, was für ein Jammer. Und da kommt ihr und bringt nixnutzig junge Hunde.

Beim Herbeiholen, Wiegen, Abzählen: Wollt ihr denn wirklich jetzt auch noch Kartuffeln? Jetzt habt ihr doch schon den Lauch und die Zwiebeln, die lieblichen Zwiebelchen. Das Eingemachte soll so gesund sein. In der Stadt, so heißt es, wird jetzt ein Vermögen dafür bezahlt, sogar Tafelsilber, Demanten und Gold. Wenn wir noch wenigstens für die Zukunft ein paar leere Rexgläser hätten oder je wieder in Aussicht hätten, einen guten Sommer noch einmal und mit Gott die passenden Deckel dazu. Und bis sie das Zeug endlich rausrückt, kaum daß ihr dabei die Hand will gehorchen, ein Tütchen, ein Päckchen, ein winziges Zipfelchen. Seufzend, seufzend, geläufig lamentierend ohne Ende: in jedem Haus wieder die gleiche Litanei. Probiert der eine oder andere Bauer es hoffnungsvoll auch nochmal andersrum: Jetzt haben wir euch doch schon die jungen Hunde so gut abgekauft. Könnt ihr uns da nicht nächstens auch einmal ein paar Nägel besorgen? Und Bolzen und Schrauben und Werkzeug gar auch. Ihr seid wohl gar von weit her und wißt euch so manchen Rat.

Doch das war mehr bloß proforma gesagt. Von den beiden Fremden sah keiner groß danach aus, als ob er sich oder andern viel Rat wüßte. Geschweige denn gar auf Bolzen und Werkzeug sich drauf verstünde, noch auf die jetzigen Zeitläufte hier oder irgendwo. Da kannst du genausogut alle Tage hier unseren Friseur fragen (es *gibt* einen Friseur im Dorf). Viel nicht, viel ist hier oder irgendwo für sie bislang nicht zu holen gewesen. Und stehen sie jetzt nicht geradezu wie die arbeitslosen Schausteller in der Gegend und stehn da und frieren in diesen stümperhaft um- und umgefärbten, vielfach gewendeten, hoffnungslos zurechtgeflickten Verliererkleidern und mit ihren geradezu ums Verrecken zuversichtlichen Mienen und den abgelatschten löchrigen Stiefeln, die ihnen zu groß sind; nicht zum Reinwachsen. Was sind das auch schon für Mützen die sie da aufhaben: sind kaum der Rede wert. Nichtmal mir Ohrenklappen dran. Und sie selbst? Sind nicht alt und sind auch nicht mehr jung. Das sind jetzt die Jahre und Zeiten, wie soll man das aufrechnen. Wollen froh sein, wenn das alte Auto (sieht aus wie zugelaufen), wenn es nachher nochmal anspringt. Wenigstens, denkst du, sind sie zu zweit, das ja. Doch wer weiß, ob auch nur einer von ihnen je wieder her- oder heimfindet.

Der Tag: brauchte den ganzen Tag, um zu tagen – und als es dann endlich so weit war und die Sonne kam durch, da stand sie schon tief im Westen. Auch nur für einen einzigen Augenblick, die Dächer, Fenster und Pfützen wie Spiegel *blindgleißend,* golden und das bucklichte Pflaster ganz blau vor Nässe und Alter. Burgwald, Schornsteine, Straßen und Misthaufen dampften im späten Licht, Abend, das Dorf, ferne Wälder und Berge. Und als sie gleich darauf mit dem elenden kleinen Lastauto voller spärlichem Gegenwert und mit ihren restlichen jungen Hunden abfuhren, unwiderruflich, fing es schon wieder an, dunkelzuwerden. „Die Krähen hatten den Tag gestohlen."

Ja richtig, es war ein Samstag. So ein Glück, da können wir wenigstens morgen nochmal in aller Ruhe die Angelegenheit oder was es sonst ist, das Ereignis, bedenken. Nachträglich hin- und herwägen hinterm Ofen und uns am Nachmittag, wenn wir erst soweit sind, auch gebührlich nochmal beraten von Hof zu Hof. Übern Zaun, den Hund und den Wert und den Preis. Den Entschluß und die Wahl und die

Umstände. Und was unsereiner nicht gleich gesagt hat oder doch besser gewußt hätte, aber auch andrerseits wieder. Das war gestern. Und was soll man dem beleidigten Gärtner erzählen? So ein Hundevieh hat manchmal mehr Klugheit hinter den Ohren als wie mancher Mensch. Haben uns also an einunddemselben Tag lauter gleiche junge Hunde gekauft, scheckig wie Elstern. Haus bei Haus, da liegen sie also einstweilen in so Kästen und Kisten neben der Kohlenkiste, wie Kinder, und schnaufen und dösen. Was so ein Vieh träumen mag? Wird sich schon noch beizeiten ein Stück Ochsenkette, ein Kälberstrick, eine Zugleine passend für sie herbeifinden. Daß es auch so plötzlich hat sein müssen, Gott im Himmel. Jetzt hinterdrein kommt man sich direkt wie ein Teufelskerl vor, so ein blitzschneller Entschluß. Da fällt ihnen gleich wieder ein, wie sie erst kürzlich einen Krieg nach dem andern gewonnen haben, beinah Woche für Woche, beinah wie im Schlaf oder wie ging das zu. Richtige Kleinbauernkläffer, sie bellen aus Angst und bellen den Mond an; der Mond war schon vorher da. Zu teuer sind sie ja nicht gewesen. Dann ein paar Wochen später, halbwegs ausgewachsen, sehn alle gleich aus. Sind gleich in der Mehrzahl. Nur daß sie (merkwürdig, wie soll man *das* jetzt verstehn?) ganz verschieden groß wurden. Was heißt denn Rasse? Manche, die wuchsen, kaum gekauft, kaum noch weiter: wie aus Bescheidenheit. Andere wieder, das siehst du ja, wurden fast wie die Kälber so stattlich. Aber allesamt richtige Hofhunde, Seßhaftenköter, geifernd, schwarzweiß gefleckt, eher schwarz und grau oder man müßte sie baden. Struppig, mit eingezogenem Schwanz, Schnauzen beinah wie die Schweine und irgendwie alle nicht ganz bei Trost, die meiste Zeit jedenfalls. Tückisch, scheeläugig und immer ein schlechtes Gewissen. Gegen ihre Ohren ist nix ze sagen, halt so Schlappohren. Schon die dritte oder vierte Generation; man denkt, sie hätten schon immer hierhergehört. Und doch erinnert jeder von ihnen dich auf seine eigene verschrobene Art für alle Zeiten an den fernen, trübseligen, wie *blinden* Regensamstag, der die Mühe nicht lohnt. Wie ein umständliches Gleichnis, aber für wen und was soll es bedeuten? Und an das elende kleine Lastauto, bevor es, ganz farblos vor Dreck und Vergangenheit, in der leeren unentrinnbaren Dämmerung auf- und davonfuhr für immer. Bergab, so mußten sie nicht erst lang anschieben. Fünf Jahre alt bist du gewesen. Stehst du nicht immer noch da, frierend, mit leerem Magen und nassen Füßen, selbstvergessen, und winkst und winkst. Wird jetzt jeden Tag früher dunkel.

Was heißt denn auch Bauern? Eingesessene, Erdarbeiter. Werden nächstens schon froh sein, wenn sie wenigstens den Winter über und fortan alle künftigen Winter, scheints dauern sie jetzt von Jahr zu Jahr länger, wieder jeden Tag als Handlanger auf die Hütt' gehen dürfen. Auf Schicht, an die Eisenöfen, ins Buderuswerk Lollar. Und nach Mainzlar, in aller Herrgottsfrüh, in der Finsternis, in die Schamottfabrik. Wem gehört die denn eigentlich? Wird nicht mehr lang dauern, wird jetzt bald wieder angeheizt, sagt einer zum andern. Ist der Krieg jetzt eigentlich rum oder nicht?

Vorerst treffen sie sich alle Winternachmittage beim Friseur. Der ist seinerzeit (wie die Zeit vergeht) ausgelernt aus der Stadt heimgekommen mit einem gebrauchten Friseursessel, mit Kämmen und Scheren und einem dauerhaften städtischen Sonntagsanzug für alle Tage. Ist gekommen und hat sich in der Grabengasse in dem niedrigen Witwenhäuschen von seiner Mutter so eine Art Friseurstübchen eingerichtet. Sogar einen Spiegel, groß wie die Wand; wie so ein Spielkartenkönig sitzt du dir in diesem Spiegel gegenüber. Sogar Zahnpastaplakate. Direkt beinah wie in der Stadt. Bringt jeder ein paar Holzscheite und Neuigkeiten mit, brauchst dir nicht jedesmal gleich den Pelz scheren zu lassen, woher denn. Sitzt jeder so da, weiß nicht wie und hat eine Geschichte zu erzählen. 15-Watt-Lampen, die meiste Zeit Stromsperre oder man spart, wo man kann. Und wenn wieder einer ist heimgekehrt, zurück aus dem Krieg, erfährst du es dort zuerst.

Nachträglich: Nein, man konnte wahrhaftig nicht sagen, daß die Hundeverkäufer Betrüger gewesen wären. Wahrhaftigen Gotts, obwohl Ortsfremde die sich nie mehr hier blicken ließen. Oder hast du noch je wieder was von denen gehört, fragt jeder und schüttelt den Kopf. Noch nach Jahr und Tag. Was mögen das nun für Fremde gewesen sein? Bauern waren sie nicht. Aber direkt wie Städter und Studierte sahen sie auch nicht aus. Und die Hunde woher? Was soll man da sagen oder denken? Und wenn sie nun wiederkämen am heutigen Tag mit den gleichen Stiebeln, mit ihrem elenden alten Auto voll junger Hunde, gleich fände so mancher hier sich und käuft ihnen gern einen ab. Waren zwar ausgehungert und fremd in der Gegend, doch im großen und ganzen, man kann es nicht anders sagen, scheints wie du und ich ehrliche Leut. Muß man mit dem Kopf nikken. Alle beide von ihnen.

Regentage. Die Straße wie du sie kennst: jedes Haus hat ein Gesicht. Der Nußbaum, in den Pfützen der Himmel und beim Bäcker im Seitenhof so ein struppiger kleiner Köter, schwarzweiß gefleckt, der hinterm Zaun bis in die Nacht hinein geifernd herumspringt und unentwegt atemlos kläfft. Sieht Gespenster. Hier willst du ein Dichter und groß werden!

Gisela Zies
Geschichte – Nichtgeschichte

Vorwort

Ich wurde gefragt, ob ich etwas über die Kriegs- und Nachkriegszeit schreiben könnte. Ich sagte Ja, denn ich bin im wörtlichen Sinn ein Kind jener Zeit.

Ich wurde ein Vierteljahr vor Ausbruch des Krieges geboren (Juni 39), als mein Vater bereits als Reservist einberufen war. Ich erlebte meine ersten Wochen in einer Stadt, in der die Kriegsvorbereitungen in vollem Gang waren (Wilhelmshaven).

Nachdem dort die ‚ersten Bomben auf Deutschland' gefallen waren (September 39), fuhr meine Mutter mit mir in den Harz, zu Eltern und Schwiegereltern.

Das Kinderlied: „Maikäfer flieg, dein Vater ist im Krieg..." setzte die ersten Töne einer Lebensmelodie: hier die Geborgenheit, die Mutter, die Natur – dort das Fremde, der Vater, die feindliche Welt.

Diesem Lied folgten dann auch in der Nachkriegszeit Strophe auf Strophe. Über die Zweigeteiltheit der Welt.

Mein Denken war und ist bestimmt von der Besessenheit, Verbindungen zwischen diesen getrennten Welten herzustellen. Mein Verstand (der eigenständige, nicht der geschulte und erzogene) entstand überhaupt erst auf diese Weise: durch die Wahrnehmung der Unterschiede und Widersprüche, durch Abstraktion, in der Absicht, endlich das Gemeinsame, das Allgemeine beider Welten zu finden.

Was ich fand, war wenig tröstlich. Das Gemeinsame war die Tatsache erfahrener und weitergegebener Unterdrückung: Kinder und Frauen wurden zum Ein-und-Alles, zu Hab und Gut, zu Gefühlsempfängern vervolkstümelt, Schüler und Lehrer zu Dienenden verstaatlicht, Männer zu Befehlsempfängern verschlachtplant.

Doch mein Verstand gab nicht auf. Wenn schon nicht auf höherer Ebene Trost zu finden war, vielleicht auf untergründiger. Nicht, daß es Trost bedeuten könnte, ein grundsätzliches Übel zu erkennen, vielleicht aber könnte es Trost sein, herauszufinden, auf welch unterster Ebene Veränderungen begonnen werden müssen. Vielleicht ist es Trost, hoffen zu können, daß sich etwas verändert, gerade, weil es um Untergründe, um Elementares geht.

Für den folgenden Text habe ich private Dokumente benutzt. Indem ich auswählte, die Ausschnitte chronologisch ordnete, sie ineinander schob, hoffte ich, das von mir Gemeinte zu verdeutlichen.

DER Vater, MEINE Mutter. ER schreibt: es war einmal, SIE schrieb einmal: es ist. Auf der einen Seite sein Manuskript von fast dreihundert Seiten, auf der anderen ihr Tagebuch mit nur wenigen Eintragungen.

Zwei verschiedene Welten werden sichtbar. Verschieden durch die sie einfärbenden – obwohl ähnlich versteckt gehaltenen – Gefühle. Verschieden durch die Erfahrungen, die in ihnen gemacht werden konnten oder mußten.

Verschieden auch die Motivationen, aus denen heraus über sie geschrieben wurde. Und verschieden ist immer noch die Art, wie beide bewertet werden.

Gegenwärtige Kritik, von welchem politischen Standpunkt auch, billigt einem männlichen Ich das Schicksal, die Chance zu, durch Zeitgeist deformiert oder geformt zu werden.

Den Qualitäten, aber auch den Deformationen eines weiblichen Ichs werden natürliche Gründe unterstellt.

Gegenwärtige Kritik stellt deshalb weder urteilend noch verurteilend eine Kritik-würdigkeit der Frau her. Weil die Kriterien immer noch eine Höherbewertung des Männlichen enthalten. Dokumente von Männern, egal, ob für gut oder schlecht, für typisch oder untypisch, für harmlos oder gefährlich befunden, werden als objektive behandelt. Dokumente von Frauen dagegen fallen als subjektive unter den Tisch der Geschichte.

Als Schreibende ist für mich das Problem der Erzählperspektive ein immer wiederkehrendes. Indem ich mich auf den folgenden Text einließ, ver deutlichte sich dieses Problem weder als ein biographisches oder soziales, sondern umfassender als ein historisches. Die Wahrheit, der ich auf der Spur bin, bezieht sich nicht auf den hier dokumentierten Abschnitt von Geschichte, sondern auf eine viel längere Epoche. Eine Epoche, in der die Macht des Einen über das Andere als naturgegebene Ordnung behauptet, in der der Mann darauf gedrillt wird, sich in eine militärische Hierarchie einzupassen, entweder als Befehlshaber oder als Befehlsempfänger, und in der den Frauen verordnet wird, ihre Identität in doppelter Unterwerfung zu finden: einmal unter den Mann als solchen, dann aber auch unter die von ihm geschaffene Kultur als naturgegebener Ordnung.

Auf die Frage nach der Erzählperspektive konnte ich mir nunmehr antworten: unabhängig davon, daß jeder Autor mit sich, mit der Perspektive zu kämpfen hat, ist sie für Frauen doppelt schwer, weil der Versuch von Objektivität sie vollends zur Fremden in dieser Welt macht, ihre Subjektivität aber von vornherein als minderwertig gilt.

Zum Schluß noch eine möglicherweise nicht zu beantwortende Frage: ob nicht angesichts des Grauens (das in seiner Gänze damals herrschte und das von Millionen in seinem detaillierten Schrecken – selbst noch im Sterben – erlebt werden mußte), das große Gefälle zwischen jener Wahrheit des maßlosen Grauens und jener, die ‚nur' ein Maß des Erträglichen dokumentiert, die Angst-, Schmerz- und Todesschreie der Opfer diskriminiert?

Meine Antwort ist: daß Erkenntnis und Mitgefühl nicht intensiver wurden, wnn ich nur deutlichste und eindeutige Hinweise auf Unmenschlichkeit (oder auf Gefahren für dieselbe) zu sehen gewohnt bin.

Deshalb lag mir daran, meine Empfindsamkeit dort etwas finden zu lassen – und, wie ich hoffe, die des Lesers auch –, wo sich bereits im Kleinen und Banalen, aber auch im Grundsätzlichen ein Kriegszustand verrät.

P.S.: Ich möchte in diesem Zusammenhang an die vielen Texte von bekannten Persönlichkeiten, von namhaften Künstlern erinnern, die schlimmstenfalls eine Verherrlichung, bestenfalls die Faszination des Krieges bezeugen und gewöhnlichstenfalls seine Erträglichkeit (was ich am allerwenigsten begreife). Dazu, vorweg, ein öffentliches Beispiel:

Auszüge aus einem Tagebuch des Malers Paul Klee, geschrieben während des ersten Weltkrieges:

17.3. Am Samstag fand ich einigen Spaß am Marschieren. Eine Kur ohnegleichen. Die erste geistige Entspannung seit langem.

10.11. Habe heute den kaputten Aeroplan aufräumen helfen, auf dem zwei Flieger vorgestern ihr Leben ließen. Übel zugerichteter Motor u.s.w., ganz stimmungsvolle Arbeit.

16.1. Ein Extrazug wird uns befördern, diese

Nacht. Ein Abenteuer mehr, damit der Krieg nicht zu fad wird.

21.2. Diese Woche hatten wir drei Tote, einer vom Propeller derschlagen, zwei derkuzten sich aus der Luft. Ein vierter sauste mit Krach, Splitterriß und Schurf auf das Dach der Werft. Zu tief geflogen, an einer Telegraphenstange hängengeblieben... liegengeblieben wie ein Trümmerhaufen. Kinoeffekt ersten Grades... Schön war's.

30.10. Wie jetzt das Reich so ganz allein dasteht, bis an die Zähne bewaffnet und doch so hoffnungslos. Ob wohl auch die Hoffnung..., daß der Schicksalsgedanke über den alltäglichen Atheismus die Oberhand behalten werde, zerschellen wird?

Persönliche Erinnerungen

Ich bin eine zwischen Frieden und Krieg; das war mein erstes Jahr.

Ich bin eine zwischen Krieg und Frieden; das war mein sechstes Jahr.

Ich bin eine zwischen Anfang und Ende. Friedensende – Kriegsbeginn: mein Vater, der mich verließ, meine Mutter, die bei mir blieb. Kriegsende – Friedensbeginn: der Vater, der heimkehrte, meine Mutter, die hinter dem Heimgekehrten unsichtbar wurde.

In einen Frühling platzte das Ende des Krieges. Ich stand am Zaun und hielt die Nase in eine blühende Johannisbeerdolde. „Das ist Frieden", dachte ich, „bei Sonnenschein am Gartenzaun stehn. Nie mehr Sirenenton! Nie mehr Angst!" Sommer, Herbst, Winter... das Jahr ging zu Ende, ein neues kam. Das erste Friedensjahr nach dem Krieg. Die Schule fing an, die Anfänger wurden eingeschult. Ich bekam eine Packpapiertüte geschenkt mit einer Apfelsine und einer Tafel Schokolade drin. Am Anfang rundum. Ein neuer Anfang. Doch selbst die neusten hängen sich an den Schluß von was Altem an. Das, was vorher war, bleibt noch für lange Zeit. Während der Nachkriegszeit – unausgesprochen, unsichtbar, kaum fühlbar – blieb etwas da. Es hatte mit der Anwesenheit des heimgekehrten Vaters zu tun. Er war ‚aus dem Krieg' heimgekehrt, aus ‚der Geschichte' in eine geschichtslose Zeit... bis die wiederaufgenommene Arbeit in der Öffentlichkeit, sein Schuldienst, für ihn erneute Teilhabe an ‚der Geschichte' bedeutete.

Für meine Mutter machten die fünfeinhalb Jahre Krieg und die Jahre danach ihre ‚besten Jahre' aus.

Für mich waren sie meine Kindheit. *Darüber könnte ich erzählen, zum Beispiel so:*

Meine Mutter schob einen cremefarbenen Kinderwagen, mit gemalten S-Schwüngen auf beiden Seiten. Auf der Hinfahrt durfte ich drin sitzen, auf der Rückfahrt sollten Kartoffeln transportiert werden. Am Gemüsestand erfuhr meine Mutter: wieder Feindanflug! In zehn, in zwanzig Minuten, vielleicht ja, vielleicht nein, würde Northeim Fliegeralarm haben.

Meine Mutter zögerte. Sollte sie zurückkehren? Sollte sie nicht wenigstens nich den Eimer mit der Fleischbrühe vom Fleischer in der Hauptstraße holen? Dann gäbe es wieder dicke Klümpe paar Tage lang. ‚Fleischbrühe'! Ein Wort, viel zu rund und zu saftig für das, was sie holen wollte. Was der Fleischer ihr gab, war das Wasser, in dem er mehrmals Würste abgekocht hatte. Die Fettaugen waren zählbar.

Meine Mutter entschied, mich mit dem Kinderwagen und den Kartoffeln nach Haus zu schicken und den Eimer Brühe zu holen. Dann aber kam es so, wie sie es nicht vorhergesehen hatte. Bereits nach fünf Minuten schwemmte die Sirene aufdringlichen

Warnton in die Straßen der Stadt. Einmal, zweimal, viele Male. Meine Mutter fing an zu laufen. Die Fleischbrühe schwappte über. „Mein Kind!“ dachte sie und ließ den Eimer auf dem Bürgersteig stehen. In ihrem Hals klopfte die Angst, vom Laufen überschlug sich ihr Herz. So oft dies geschah, diese Sirenenstimme, Knopfdruck in ihrer Seele, ihre Vernunft bekam das Stottern: Northeim? Hier fliegen sie bloß drüber weg. Und den Bahnhof, den haben sie schon! Was ist zu befürchten? Die Feinde fliegen nach Herberg, zur Munitionsfabrik!

Sie bog in die Sohnreystraße ein.

In aller Ruhe schob ich den Kinderwagen. Vor der Gartentür ließ ich ihn stehen, ging nicht ins Haus, sondern wartete.

Meine Mutter riß mich an sich, stürzte die Treppe hoch zum ersten Stock, in die Wohnung, nahm meine Schwester aus dem Kinderbett, dann mit uns beiden in den Keller.

Nach der Entwarnung holte sie den Eimer Fleischbrühe. Der stand immer noch da.

So könnte ich erzählen. Oder so:

Der nächste Sommer brachte den Frieden und die Auslieferung in Vaters Hände.

Meine Mutter lief dickbäuchig umher. „Deine Mutter ist krank“, sagten sie. Ich starrte auf den kranken Bauch... ich wurde eingeschult... das lenkte meinen Blick ab... meine Mutter wurde ins Krankenhaus eingewiesen, „ihre Zeit ist gekommen“.

Für mich: kein erster Schulweg an ihrer Hand, dafür öffentliche Hände und Vaters Hand.

Dann wurde meine Mutter wieder gesund – nicht ganz gesund, aber vom kranken Bauch geheilt – nach Haus entlassen. Sie brachte Vaters Kind mit, meinen Bruder.

„Aus A wird Ä! Aus O wird Ö! Aus U wird Ü! Hast du das begriffen?" Vaters Arme holten zum Schlag aus, schlagartig begriff ich es nicht, beinahe nie, daß aus A Ä wird und aus U Ü.

Vaters Hände griffen die Intervalle: Last rose of summer... „Und siehe gar, sie nur noch wie ein Fädchen war. Mach Ä aus A", dachte ich heimlich und lächelte ungesehen. Ich hatte fünfundzwanzig Pfund Untergewicht. Der Vater schickte mich aufs Land. Dort auf dem Land begriff ich schnell, was ‚frei' sein war: ich las keine Post, ich schrieb keine Postkarten, vaterhandschriftlich vorweg adressiert und vorweg aus seiner Hand mir ausgehändigt.

Mein Gewicht nahm zu, ich kam wieder nach Haus. Mit freundlichen Empfehlungen schickte mich die Unterschule zur Oberschule.

Auch der Vater ging wieder zur Schule, er hatte seine Stellung wieder. „Nie wieder Untergewicht für mein Kind", sagte er befriedigt.

Texte der Eltern

Nach dem Krieg, lange Zeit auch nach der Nachkriegszeit, schreibt der Vater seine Biographie. Zweihundertneunzig Seiten. Die knappen Hinweise auf Frau und Kinder lassen sich auf drei Seiten zusammenfassen. Zwei weitere beschreiben eine Reise, die er mit seinen beiden Töchtern machte.

Meine Mutter hat ihr Leben nicht aufgeschrieben. Zu Beginn ihrer Ehe hat sie für uns Kinder ‚Buch geführt', kurze Protokolle über unsere ersten Lebensjahre. Für mich waren es dreizehn Seiten, für meine Schwester und meinen Bruder noch weniger.

Der Vater schreibt:

Mai 39. Ich fragte den Oberfeldwebel: „Wo muß ich mich melden?“

Ich trug einen Karton unterm Arm, gemäß der Anordnung auf dem Einberufungspapier.

Gezogene, Freiwillige, Reservisten. Vier Wochen lang übten wir täglich ‚Grüßen‘ und ‚Das Gewehr – über!‘

Eines Tages Befehl vom Hauptfeldwebel: „Vor den Leutnant treten und Ihren Geburtstag melden!“

„Guten Morgen, Kamerad!“

„Guten Morgen, Herr Leutnant! Soll melden, daß ich Geburtstag habe, Herr Leutnant!“

„Herzlichen Glückwunsch! Wie alt sind der Herr Lehrer denn geworden?“

„Vierunddreißig, Herr Leutnant!“

„In Ihrem Alter bin ich schon General!“ sagte der Leutnant, der gerade Abitur gemacht hatte.

Juni 39. Die Reservisten lagen im Heidekraut. Übung am MG. Wenn der Lauf heiß wurde, hieß es: schnell auswechseln.

Unser Bataillon kehrte in die Kaserne zurück. Telegramm von Zuhause. „Tochter geboren.“ Ich bekam drei Tage Sonderurlaub.

Die Mutter schrieb:

Mit einem dicken rotblonden Haarschopf bist du zur Welt gekommen, und jeder sieht, daß du ein kleiner Fuchs mit blauen Augen bist.

Der Vater schreibt:

Nach meiner Rückkehr in die Kaserne wurde ich zum Gefreiten befördert.

Juli 39. Reservisten, Geschütze, Freiwilligenbataillone wurden in Güterzüge verladen und in ein

Lager transportiert. Urlaubssperre. Feldpolizei bewachte die Umgebung. Unsere täglichen Gefechtsübungen wurden mit scharfer Munition ausgeführt. Eines Tages fehlte ein Mann. Vereinzelt kamen böse Ahnungen auf. Ein Regimentsbefehl lautete: „Das Lied mit dem Kehrreim ‚Der Mensch lebt nur einmal' darf nicht mehr gesungen werden!"

„Alles halb so schlimm", dachte ich, „Hitler hat mit Rußland einen Nichtangriffspakt geschlossen."

Die Mutter schrieb:

Auf der Bahnfahrt zurück von deinen Großeltern in Herzberg zu unserem Heim in Wilhelmshaven habe ich dich in dem Steckkissen getragen, in dem ich auch schon als Kind gelegen habe.

Der Vater schreibt:

August 39. Der Hauptmann überreichte mir den Entlassungschein. „Kann sein", sagte er, „man wird Sie gelegentlich zum Offizierslehrgang einberufen. Heil Hitler!"

Wieder in Wilhelmshaven, an meiner Schule, mußten ich und die Kollegen Überstunden leisten. Die meisten waren bei der Wehrmacht. Ich hatte kein gutes Gefühl. Ich war unruhig.

Ich fand mich nicht wieder. Nach dem Dienst ging ich oft im Hafen spazieren. Dort lagen U-Boote, die gerade mit Torpedos beladen wurden.

Die Mutter schrieb:

Du lachst so reizend, daß dein Vater und deine Mutter entzückt sind.

Der Vater schreibt:

September 39. England und Frankreich erklärten

uns den Krieg. Englische Flieger warfen Bomben auf den Hafen. Meine Frau und meine Tochter schickte ich zur Sicherheit zu meinen Eltern nach Herzberg.

Die Mutter schrieb:

Ein stürmischer Oktobertag. Wir beide sind wieder nach Wilhelmshaven zurückgekehrt. Vom Meer ziehen dicke Nebelfetzen herüber. Unklar liegt die Zukunft vor mir.

Doch fällt in diese Zeit auch ein Ereignis, das mir die größte Freude bereitet: meine Heimatstadt Kattowitz ist wieder deutsch. Einmal werde ich mit dir hinfahren und dir zeigen, wo ich eine glückliche Kindheit verlebt habe.

20. November – ein herrlich leuchtender Herbsttag. Doch du, mein liebes Pummelchen, machst mir Kummer. Ich mußte dich ins Krankenhaus bringen. Hinter einer Glasscheibe konnte ich dich in deinem Bettchen liegen sehen.

14. Dezember. Wie einsam ist für uns die Welt, so leer und still, fast unheimlich. Selbst dein Schreien haben wir lieber, als wenn du gar nicht da bist. Komm bald wieder heim, mein Liebes! Im Krankenhaus mögen dich die Schwestern gern. Du seist ein rechter Nimmersatt und bewegtest schon dein Mündchen, wenn die Schwestern im Nebenzimmer die Flaschen verteilten. Wieder naht Weihnachten. Das erste Weihnachten für dich. Ich gehe oft zu dir ins Krankenhaus. Du bist ein richtiger kleiner Künstler geworden. Die neuste Errungenschaft deiner körperlichen Geschicklichkeit ist eine Drehung vom Rücken auf den Bauch. „An diesem Kinde werden Sie noch viel Freude haben“, sagen die Schwestern.

25. Dezember. Gestern habe ich dich heimgeholt. Das war ein festlicher Einzug! Aber den Tannen-

baum mit den strahlenden Lichtern hast du nicht beachtet, ebenso wenig deinen neuen Teddy. Für uns ist es die größte Freude, daß du wieder bei uns bist.

Der Vater schreibt:

Mai 40. Die Wehrmacht war in Belgien, Holland und Luxemburg eingefallen, Sturzkampfflieger zertrümmerten die Maginotlinie. Ich war wieder eingezogen worden. Unsere Truppen drangen bis zur Somme in Nordfrankreich vor. Bei einem Granateneinschlag wurde ich verschüttet, wieder ausgegraben. Ich war nur leicht verwundet. Ich wurde zum Unteroffizier befördert. Für einige Zeit pflegte ich meine Kameraden.

Die Mutter schrieb:

Du fährst nur noch stehend im Kinderwagen spazieren, schaukelst so heftig hin und her, daß die Vorübergehenden bewundernd stehenbleiben. Dein Vater ist bei den Soldaten.

Der Vater schreibt:

Ich war jetzt Offiziersanwärter mit Frontbewährung. Ich erhielt den Befehl, mich in Hamburg beim Luftgaukommando zu melden. Ich hatte mich bereit erklärt, mich zum Bildbeobachter ausbilden zu lassen.

Die Mutter schrieb:

An deinem ersten Geburtstag war ich nicht bei dir. Ich besuchte deinen Vater in Hamburg. Von dort brachte ich dir einen Kasten Bauklötzer mit.

Heute bist du mit deiner Tante einkaufen gegangen. Als ihr den Lebenmittelladen betretet, hebst du dein Ärmchen und rufst: „Ha Hitler!“ Alles mußte über dich schmunzeln.

Der Vater schreibt:

Der Krieg mit Frankreich war beendet. Ich bekam Heimaturlaub. Nach meinem Urlaub wurde ich nach Wittstock, in den Landkreis Potsdam versetzt.

Ich machte Flüge mit der Handkamera. Ich fotographierte springende Fallschirmjäger aus der Ju 52. Ein junger Mann schlug auf dem Boden auf, sein Fallschirm hatte sich nicht geöffnet. Die anderen kamen heil unten an, darunter Max Schmeling, das Idol seiner Kameraden.

Die Mutter schrieb:

Weihnachten 1940. Du hast einen Puppenwagen und ein Stofftier geschenkt bekommen, eine Katze. Du nennst sie Lau. Lau ist von nun an dein bester Freund, muß abends mit ins Bettchen zum Einschlafen.

Februar 1941. Inzwischen haben wir uns bei den Großeltern gut eingelebt. Schon am frühen Morgen läufst du in der Wohnung herum und rufst: „Buch, Buch!" Wir sollen dir die Märchen- und Bilderbücher zeigen. Oder du hilfst beim Staubwischen. Doch den Höhepunkt des Tages bildet das Füttern der Hühner und Kaninchen im Nachbargarten.

Mai 1941. Eines Tages im April war deine Mama früh nicht im Bett. Das war nämlich der Tag, an dem dein Schwesterchen geboren wurde.

„Mama, Auto, Püppi", sagtest du immer. Am 1. Mai kamst du Mama und Püppi in der Klinik in Goslar besuchen.

Mit deiner breiten Patschhand wurde Püppi zwar liebevoll, aber robust gestreichelt. Es beeindruckte dich, daß es gähnen kann, zwei Augen hat, die sich öffnen und schließen, sich bewegt und schreien kann.

Jedem, der dich nach deinem Schwesterchen fragt, teilst du mit: „Püppi bäh, bäh."

Der Vater schreibt:

1941. In der Wittstocker Bildstelle kamen Luftaufnahmen von Kreta an. Geheime Kommandosache. Ich muß sie kopieren.

In der Frühe des 20. Mai startete Maschine auf Maschine, und immer neue Kompanien marschierten auf den Flugplatz. Kreta sollte gegen die britische Besatzung aus der Luft erobert werden.

Kurz darauf wurden die Bildflüge bis weit auf die Ostsee hinaus ausgedehnt. Ich mußte Schifftypen bestimmen.

Im Juni fiel die deutsche Wehrmacht in Rußland ein.

Meine Sonderausbildung war abgeschlossen. Der Kommandant sagte: „Sie sind jetzt sechsunddreißig Jahre alt und können keinen Offiziersrang mehr erreichen. Aber Sie könnten für die Dauer des Krieges als Meteorologe eingesetzt werden. Sind Sie einverstanden?“ Ich war einverstanden und kam nach Nordfrankreich.

Die Mutter schrieb:

Seit Oktober haben wir in Northeim eine eigene Wohnung. Sie ist zwar recht primitiv und klein, aber für den Anfang geht es. Nun warten wir drei: Mama, Gila und Püppi auf die Zeit, daß unser Papa wieder da sein wird.

Zu deinem Schwesterchen verhältst du dich sehr fürsorglich, aber du duldest keine Bevorzugung. „Ich auch!“ bekomme ich immer wieder zu hören.

Im November bist du an den Masern erkrankt. Als wir endlich wieder spaziergehen dürfen, haben die Bäume ihr Laub verloren. „Bäume alle Nacktfrosch!“ sagst du.

Seit es schneit, fährst du viel mit dem Schlitten.

Dein Gesicht strahlt, wenn es in schnellem Tempo an unserem Hause vorbeigeht.

Manchmal lasse ich dich mit Buntpapier hantieren. Du reißt kleine Stücke ab und klebst sie auf einen Bogen Papier. Deine erste Arbeit haben wir deinem Papa nach Frankreich geschickt.

Der Vater schreibt:

Januar 1942. In der Heimat waren die Textilien knapp geworden.

Die Mutter schrieb:

Dein Papa sorgt für uns und schickt mancherlei her.

Der Vater schreibt:

1942. In Beauvais wurde die Wetterwarte in einer Höhle untergebracht. Während ihrer Freizeit mußten alle Dienstgrade Eimer auf Eimer Kreide aus dem Schutzstollen schaffen, in dem bei Fliegerangriffen auch französische Zivilisten Schutz suchen durften.

In den Gärten sammelten deutsche Soldaten auf Befehl Kartoffelkäfer, weil die Franzosen sich nicht drum kümmerten.

Aus einem deutschen Soldatensender klang das Lied von Lily Maleen. Ich kann nicht leugnen, daß mir das Lied nicht auch gefallen hätte.

Im Sommer nahmen die Fliegerangriffe zu. Es lohnte nicht mehr, die Dienststelle zu verlassen. Ich schlief auf einem der bereitgestellten Feldbetten.

Die Mutter schrieb:

Den ganzen Tag spielst du draußen auf der Straße. Deine Sprache macht jetzt merkliche Fortschritte. Du trägst eine Haarschleife und bist ein niedliches Kind, dem ich gern Märchen erzähle, weil es so lieb zuhört.

Seit ein paar Tagen fällt mir auf, daß du ein Bein nachziehst. Ich habe den Verdacht, daß dies vom Rollerfahren kommt. Ich verspreche dir ein Dreirad: „wenn der Krieg vorbei ist." Da antwortest du: „Nur ein bißchen noch Krieg!"

Im Juni sind wir an die Ostsee gefahren. Du bist jetzt drei Jahre alt. Nachdem du dir die Kühe hinter dem Deich genau angesehen hast, sagst du: „Mama, die Kuh hat Klappschuhe an." Wenn wir uns dem Meer nähern, sagst du: „Hörst du schon den Strand?"

Der Vater schreibt:

Weihnachten brachte ich meinen Kindern ein Fahrrad aus Belgien mit.

1943. Anfang Januar fuhr ich nach Berlin. Ich machte meine Prüfung in Meteorologie und wurde zum Regierungsrat ernannt. Regierungsrat im Wetterdienst der Luftwaffe.

Während der Bahnfahrt sagte ein Offizier zu mir: „Vor Stalingrad wird sich das deutsche Schicksal wenden."

Im Februar rief Goebbels im Berliner Sportpalast zum „totalen Krieg" auf.

In einem Bunker in Ostende hörte ich den Sender Calais, einen „Feindsender", wie es damals hieß.

Man berichtete, daß die Möhnetalsperre im Ruhrgebiet gesprengt worden war. „Die Häuser und Menschen wurden weggespült. Ebenso wird das deutsche Volk vom Verderben mitgerissen werden!"

Auf der Fahrt durch Holland sah ich Juden mit aufgenähten gelben Sternen auf ihrer Kleidung. Von den Konzentrationslagern habe ich erst nach Kriegsschluß erfahren.

In Belgien war ich bei einer Familie untergebracht. Eines Tages saß ich am offenen Fenster meiner Unterkunft, als auf der Straße eine singende Kompanie vorbeimarschierte. Sie sangen russische Lieder. Es waren Russen, die gegen den Bolschewismus kämpfen wollten.

Die Mutter schrieb:

1943. Ich fange an, lateinisch zu schreiben, da du sonst all das, was deine Mutter dir schrieb, nicht lesen kannst.

Heute erzählte ich dir zum ersten Mal das Märchen von Schneewittchen. Als Schneewittchen in den Apfel gebissen hatte und tot umfiel, da hast du deine beiden Hände vors Gesicht gehalten und bitterlich geweint. Und als der Königssohn Schneewittchen durch einen Kuß aufweckte und in sein Schloß brachte, da fingst du wieder an zu weinen. „Schneewittchen soll bei den Zwergen bleiben!“ sagtest du. Ich habe das Märchen so beendet: „Schneewittchen hat oft Kuchen gebacken und die sieben Zwerge zu sich eingeladen.“ Das hat dich dann doch einigermaßen getröstet.

„Warum hat der Königssohn Schneewittchen einen Kuß gegeben?“

„Weil er sie lieb hatte.“

„Ja, liebe Mama, und wenn du tot bist, dann gebe ich dir einen Kuß, dann wachst du wieder auf.“

(Mein liebes Kind, wenn das nur ginge.)

Juni 43. Mein liebes Kind, du bist jetzt vier Jahre alt. Sogar dein Papa ist zu deinem Geburtstag gekommen. Er hat dir und deiner Schwester eine Schaukel am Apfelbaum im Garten befestigt. Du bust gleich drauf gestiegen.

Mein liebes Kind, du veränderst dich jetzt so stark, daß du bald nicht mehr mein Kleines, sondern mein Großes bist.

Der Vater schreibt:

1943. Ich wurde in die Ardennen versetzt.

Mein Auftrag lautete, bei Hochdruck z.B. die Dicke und Beschaffenheit von Inversionsschichten festzustellen.

Eines Tages fiel das Funkgerät aus. Die Sicht war schlecht. Unsere Maschine verirrte sich. Am Boden schossen sie ‚rote Radieschen' für uns, das waren rote Leuchtkugeln. Erst nach einer Stunde fanden wir den Flugplatz. Wir machten eine Notlandung. Seitdem hatte ich Schmerzen in der Wirbelsäule.

Die Feindtätigkeit nahm zu. Bei günstigem Wetter sollten unsere Tagjäger die mit Radar ausgerüsteten Nachtjäger unterstützen. Die deutsche Industrie hatte ein neues Jagdflugzeug entwickelt, doch es fehlte an Piloten.

Eines Abends saß ich mit einem erfolgreichen Jagdflieger im Kasino und ließ mir erklären, wie er seine Bordkanone so hatte einbauen lassen, daß er senkrecht nach oben schießen konnte. Auf diese Weise kam er besser an den Feind ran. Er nannte das „schräge Musik" machen.

Am nächsten Tag wurde in Nähe des Flugplatzes eine englische „Spitfire" abgeschossen. Ich wurde der Bergungstruppe zugeteilt. Der Pilot war völlig zerrissen. Ein Stück Schädelknochen trug nich dunkle Locken. In der Jacke befanden sich die Papiere und ein paar Münzen. Ich nahm die Münzen an mich, warf sie aber wieder fort, ich wollte kein Leichenfledderer sein.

Die Mutter schrieb:

1944. Mein Kind, der Krieg dauert an. Im Westen sind die Engländer gelandet, um uns endgültig zu vernichten. Dein Vater hat Urlaubssperre. Du hast seit Juli Keuchhusten.

Jetzt haben wir November, und du hustest immer noch. Manchmal mußt du dich eine halbe Stunde lang übergeben.

Der Vater schreibt:

1944. Seit September sahen wir in großer Höhe die V2 ihre Bahn ziehen. Im Juni beobachtete ich den Absturz einer V1 über einem Sumpfwald der Somme. Ich fuhr zur Absturzstelle. Ein verbranntes Stück Wald, sonst nichts. Die neue Vergeltungswaffe war ein Flugzeug ohne Piloten.

Am 20. Juli bestellte ich im Kasino von Beauvais mein Mittagessen. Eine junge Frau bediente. Plötzlich sagte sie vergnügt: „Hei lebbet hoch!“ Ein adliger Hauptmann äußerte die Vermutung, daß der Krieg bei gelungenem Attentat zu Ende gewesen wäre. Der Kommandant fuhr hoch: „Man müßte alle Adligen – bis auf unseren guten Grafen natürlich – einsperren! Aber äußern Sie sich noch einmal in so defätistischer Weise, und ich lasse Sie in den Osten schicken! Ich wünsche Ihnen guten Appetit, meine Herren!“

Ein paar Wochen später übernahm ein hauptberuflicher Meteorologe, der aus Afrika in die Ardennen versetzt worden war, meine Arbeit. Ich sollte mich stattdessen beim Luftgaukommando in Brüssel melden. Ich war überflüssig geworden.

In Brüssel fuhr ich mit drei Unteroffizieren, die nach ihren Einsätzen als Jagdflieger Urlaub erhalten hatten, in einer Straßenbahn. Beim Aussteigen folgten uns ein paar junge Männer. Plötzlich fiel ein Schuß. Einer der Unteroffiziere wurde getroffen. Lungenschuß. Ich holte Hilfe, fuhr dann auf Befehl weiter nach Hamburg.

Die Mutter schrieb:

Dein Papa steckt jetzt in Hamburg. So können wir uns hin und wieder sehn.

Der Vater schreibt:

Ende November 44. Ich wurde nach Wittingau in Böhmen (heute Trebon, in Nähe der österreichisch-tschechischen Grenze, Anm. v. G. Z.) in ein Kloster geschickt. Dort erlernte ich mit anderen den Umgang mit der Panzerfaust.

Im Dezember begann die Ardennenoffensive.

Zur selben Zeit wurde ich in ein Ersatzbataillon nach Stendal befohlen. Tausende ehemaliger Verwundeter, aus ihren Ämtern Entlassene und Neueingezogene mußten Kampfanzüge anziehn und den Umgang mit Nahkampfwaffen lernen.

Zu Weihnachten gab es statt Verpflegung einen Feldbecher voll Wacholderschnaps. Ich trank ihn, wurde müde und sank in tiefen Schlaf. Ich träumte von einer Klassenarbeit in Mathematik.

Damit wir in Bewegung blieben, bis wir abrükken sollten, wurde alle Tage kompanieweise angetreten.

Einmal hielt ein Mann in Parteiunivorm einen Vortrag über das Zeitgeschehen. Die Veranstaltung schloß mit einem Lied. Mir ging es durch und durch, als ich es hörte:

„Heute sind wir rot, morgen sind wir tot. Ja, Kameraden, ja, so muß es sein."

Viele stampften den Takt mit dem Fuße, mehr eine Übersprungshandlung als Zustimmung, denn seine wahren, verzweifelten Gedanken wagte niemand zu äußern.

Die Mutter schrieb:

Januar 1945. Giselas Keuchhusten ist bis heute noch nicht ganz behoben.

Der Vater schreibt:

Das Ende des Krieges ließ sich immer sicherer voraussagen. An die Jahrgänge 1906 und jünger erging der Befehl:

„Mit Marschgepäck zum Abtransport bereithalten! Sie werden an die Ostfront geschickt."

An meinen Jahrgang und ältere lautete der Befehl: „Antreten!" Vierhundert Mann traten an.

„Wer von Ihnen traut sich nicht zu, in die letzten entscheidenden Kämpfe einzugreifen?"

Keine Antwort.

„Wer sich von Ihnen nicht zutraut, in die letzten entscheidenden Kämpfe einzugreifen, der trete einen Schritt zurück!"

Über hundert Mann, ungefähr ein Drittel, trat einen Schritt zurück. Ich rührte mich nicht. Da fühlte ich einen Griff an meinem Koppelriemen, jemand flüsterte: „Mensch, Heinrich, bleib hier! Das ist doch völlig vergeblich. Die werden unnütz verheizt!"

Dann ein lauter Zuruf zum Kommandanten: „Der Mann hat seit einer Notlandung Schmerzen in der Wirbelsäule, der hält sowieso nicht durch!"

Mein Lebensretter hieß Albert. Ein Landwirt aus der Northeimer Gegend. Ein paar Tage später schlug er mir vor, unsere Ausgehuniformen nebst Hemden und Stiefeln bei einer Stendaler Familie in Verwahrung zu geben. Ich war einverstanden. Dann verständigten wir unsere Ehefrauen, damit sie die wertvollen Stoffe dort abholen konnten.

Unsere Frauen verabredeten sich, fuhren zusammen nach Stendal, wären aber beinahe nicht wieder zurückgekehrt. Wegen Fliegerangriffen mußten sie auf der Rückfahrt aus dem Zug aussteigen, fanden aber unter einer Brücke Schutz und erreichten nach vielen anderen Mühen ihre Heimatorte. (Meine Mutter hat mir nie davon erzählt. Anm. v. G. Z.)

Die Mutter schrieb:

29.1.45. Gisela hat eine Mittelohrentzündung.

Hiermit enden die kontinuierlichen Eintragungen meiner Mutter. Es folgen nur noch eine aus dem Jahr 1946, eine aus dem Jahr 1947, eine aus dem Jahr 1948, eine aus dem Jahr 1949 und eine letzte im Jahr 1959: „Jetzt ist der große Tag gekommen. Du hast dein Abitur mit Auszeichnung gemacht. Ich übergebe dir dieses Buch mit der Bitte, es gut aufzubewahren und alle lieben Gedanken und guten Wünsche in dein zukünftiges Leben hineinzunehmen. Bleibe das, was du mir immer warst und bleiben wirst: meine liebe Gisela!“

Der Vater schreibt:

1945. Albert und sein Freund wurden einem Verpflegungstrupp zugeteilt, der Schlachtvieh aufkaufen sollte. Albert türmte. Wie ich nach dem Krieg erfuhr, versteckte er sich bei einer Bäuerin.

Täglich kamen in Stendal einzeln und in Gruppen neue Reservisten an. Von dort aus gingen sie dann dahin, wo Kräfte gesucht wurden.

„Bei Arnheim wird ein Artilleriebeobachter gesucht. Würden Sie die Aufgabe übernehmen?“ fragte mich der Hauptmann.

Ich sagte: „Ja.“

Ich bekam einen Marschbefehl und etwas Verpflegung. In Northeim unterbrach ich meine Reise heimlich für zwanzig Stunden und besuchte meine Frau und meine Kinder.

Im Dunkeln sprang ich über den Bahnhofszaun und erreichte über denselben Zaun den Zug, der einen Tag später fuhr. Ab und zu mußte ich umsteigen. Vor Arnheim waren es nur noch die Lokomotive und ein einzelner Wagen. Mitten auf der Strecke hielt der Zug und fuhr zurück. Ich und fünf andere mußten zu Fuß am Bahndamm entlang gehen, kamen ausgehungert und übermüde in Arnheim an.

In der Meldestelle durfte ich mehrere Stunden schlafen.

Am nächsten Tag bekam ich ein Fahrrad, um damit zu einer 25 km entfernten Flakstellung zu fahren. Dort mußte ich Artillerieeinschläge in eine Karte einzeichnen, Mündungsfeuer und Schalldauer feststellen.

Als die deutsche Front zurückgenommen wurde, mußten auch wir zurück und kamen bis Mühlheim. In der Ruhr schwammen Massen zerstörter Möbel und anderer Gegenstände.

Wie ich später erfuhr, kamen seit Mühlheim keine Feldpostbriefe mehr in der Heimat an.

In einer Schule lagen Verwundete. Es fehlte an Pflegepersonal. Der Arzt forderte Helfer an. Ich meldete mich.

Eine Woche lang gab es Nacht und Tag zu tun. Auch in Amsterdam fehlten Kräfte. Mein Arzt wurde versetzt, wollte, daß ich mitkam. Wir erreichten Utrecht. Dort war alles vorbei. Überall lagen Tote und zerschossene Wagen.

Wir mußten zu Fuß weiter. Nach drei Tagen trafen wir im Luftwaffenlazarett in Amsterdam ein. Meine Unterkunft war ein Speicherraum. Dutzende von Kisten mit Keks, Eierlikör u.a. standen herum.

Ich rührte nichts an. Doch fand ich in einem Regal Strindbergs „Historische Novellen", die las ich, wenn Zeit dafür war. Aus dem Speicherfenster hatte man einen herrlichen Blick auf die Stadt. Feindliche Maschinen flogen dicht über den Häusern und warfen Lebensmittelpakete für die Bevölkerung ab.

Am 20. April ließ der Chefarzt Hitlers Geburtstag feiern, er selbst hielt die Rede. Zu Mittag gab es eine Zugabe.

Am 1. Mai verkündete der Arzt in demselben Raum: „Unser Führer und Reichskanzler Adolf Hitler ist gefallen!"

Dann stellte er sich vor das dort hängende große Hitler-Bild und erhob stumm seinen Arm zum Gruß.

In unserem Lazarett hatten an die dreißig junge SS-Helferinnen Zuflucht gesucht. Um sie vor der Verhaftung zu bewahren, wurden sie als Rote-Kreuz-Schwestern getarnt. Eine Woche lang gab ich ihnen Unterricht in Anatomie und in praktischen Handgriffen.

Kurz nach dem ersten Mai besetzten kanadische Soldaten das Krankenhaus. Sie stellten das Pflegepersonal und verlangten die Auslieferung der leichtverwundeten SS-Angehörigen. Ein junger SS-Mann erschoß sich.

An meinem vierzigsten Geburtstag wurden die deutschen Pfleger, darunter ich, und die getarnten Rote-Kreuz-Schwestern auf ein Minensuchboot im Hafen gebracht, das nach Wilhelmshaven fahren sollte.

Ich hatte auf dem Weg dorthin ein altes Fischernetzt gefunden, das ich auf Deck als Hängematte befestigte. Darin lag ich während der zweitägigen Überfahrt. Nachts schaute ich in einen sternenklaren Frühlingshimmel.

In Wilhelmshaven wurden die Verwundeten auf Lastwagen verladen, die Rote-Kreuz-Schwestern fuhren nach Oldenburg weiter, die restlichen zweihundert Mann marschierten quer durch Ostfriesland nach Leer in ein britisches Gefangenenlager. Einigen fiel das Marschieren schwer. „Go on!" hieß es. Der eine oder andere bekam einen Kolbenstoß in die Seite. Das Lagerleben war aber erträglich. Ausgänge bis zu einem Kilometer waren erlaubt. Nur die Kontakte mit der Heimat waren verboten.

Als Leute gesucht wurden, die etwas von Landwirtschaft verstanden, meldete ich mich.

Ich kam zu einer Familie, die ein kleines Haus bewohnte, etwas Land besaß, eine Fläche Moor und eine Kuh. Mir wurde die gute Stube überlassen, doch mußte ich auf dem Fußboden schlafen, denn der winzige Raum enthielt nur einen Tisch, eine Kommode, einen Schrank und ein paar Stühle.

Nach vier Wochen Torfstechen, Bohnenpflücken und Grasmähen durfte ich nach Haus.

Als ich am vierten Tag in der Heimat den Zug verließ, kam ich mir wie ein Ausgestoßener vor. Seit sechs Jahren war ich einer festen militärischen Ordnung unterworfen, plötzlich war ich frei, kam in zerschlissener Uniform, ohne Gepäck nach Hause.

Es war noch früh am Morgen. Noch lag ein langer Fußweg vor mir. Ich wurde ganz ruhig. Ich ging an bekannten Häusern vorbei, einige lagen in Trümmern.

Bei einer Rote-Kreuz-Stelle nahm ich etwas Verpflegung zu mir, wusch mir Hände und Gesicht und verweilte, bis es etwa neun Uhr war. Niemand sollte sehen, daß ich geweint hatte.

Endlich bog ich in meine Straße ein. Zwei blonde Mädel spielten am Straßenrand. Die ältere baute einen Damm und hatte eine Büchse Wasser neben sich stehen, die jüngere schaute zu. Ich sprach sie mit Namen an. Sie erkannten mich, riefen: „Unser Papa ist da!" und liefen fort, es der Mutter zu verkünden.

Ich war wieder in der Heimat. Der Krieg war aus. Doch manche Nacht träumte ich und wurde von der Angst geplagt, ich müßte wieder fort oder würde von den eigenen Landsleuten abgeholt.

Als erstes wurde mir verkündet, daß ich als ehemaliges Parteimitglied nicht wieder in den Schuldienst aufgenommen werden könnte.

Die Mutter schrieb:

November 1946. Nun ist der erste große Abschnitt deines Lebens beendet.

Die Schulzeit hat begonnen. Du hast ein Brüderchen bekommen. Und weil dieses als das Jüngste der größeren Pflege bedarf, kann ich mich nicht so sehr um dich kümmern. Außerdem bin ich noch immer nicht richtig gesund.

Der Winter steht vor der Tür. Es sieht alles noch trauriger aus als vor einem Jahr.

November 1947. Meine liebe Gisela, in diesem Sommer warst du fünf Wochen bei einem Bauern in Ostfriesland. Du hast nämlich 25 Pfund Untergewicht. Wir kriegen dich nicht mehr satt.

September 1948. Im Sommer hast du in Herzberg das Schwimmen erlernt.

November 1949. Gisela fängt mit Klavierstunden an. Sie zeigt musikalische Begabung. Nächstes Jahr muß sie die Aufnahmeprüfung für die Oberschule ablegen. So rast die Zeit. Gisela wird schon ein junger Backfisch.

Der Vater schreibt:

1949. Ich beschloß, mich der Entnazifizierungs-Spruchkammer zu stellen, um mich einstufen zu lassen und nicht länger ein Mensch zweiter Klasse sein zu müssen.

Ich wurde entlastet.

Ich durfte meine Aufnahme in den Schuldienst beantragen.

Ich wurde zum wahlberechtigten Bürger erklärt.

Nach zehn Jahren Unterbrechung durfte ich wieder unterrichten.

Ilse Braatz
Partei ergreifen

Aus den Fenstern hingen in Reih und Glied die Hakenkreuzfahnen; die Straßen standen stramm wie geschrubbte Kolonnaden für marschierende Siegerheere; wo eine dunkle Grube auffiel, verbargen sich Kohlenklau und Judenstern; wenn die Kinder nicht stillhalten wollten, konnten sie Bombensplitter aufklauben und mit roten Sammelbüchsen scheppern und Abziehbilder von deutschen Geschichtsgrößen ins Album kleben. Es war die Zeit, wo jeder Junge stolz sein durfte, einmal ein Mann zu werden, und wo jedes Mädchen besonders innig an seinem Vater hing, denn der Vater trug die Uniform des Führers, er war im Feld oder zu Hause für den Wohnblock der wichtigste Mann, auf ihn hörten die Nachbarn, er brauchte nur die Stirn zu runzeln, und sie wußten, was sie zu tun hatten. Aber wie urig er mit der kleinen Tochter spielen und schäkern konnte, viel kameradschaftlicher als die Mutter, und für die Zukunft versprach er ihr, sie würde einmal Mutter von fünf Kindern sein, würdevoll werde sie ein Haus regieren, sie sei ein treues, tapferes Mädel; und über ihre mangelhaften Schulzeugnisse sah er großzügig hinweg: du wirst kein gelehrter Blaustrumpf, du wirst einmal eine tüchtige gesunde Ehefrau und Mutti. So fühlte sich das kleine Mädchen trotz aller Kränkungen in der Schule und den zornigen Bestrafungen durch die Mutter heimlich stark und bestätigt, aber das äußerte sich nur in stechenden Blicken und zänkischer Stimme für kleinere, schwächere Kinder, die ihr unterlegen waren, gegenüber den Großen zeigte sie stets Gehorsam und Respekt.

Diesen Anfang einer Geschichte hatte ich heute morgen geschrieben und mich bei finsterem Himmel und Lampenlicht in dieses arme kleine Mädchen hineinversetzt, aus dem logischerweise mal ein Biest werden muß, und ich wollte, immer im Herzen des kleinen Mädchens, die Geschichte hinzwingen zu einem Zitat, das dieses Mädchen, das mir in Wirklichkeit wohlbekannt ist, im Alter von fünfzehn Jahren, als der Krieg zu Ende war, als Lebensvorsatz, den sie aus dem Nazireich gelernt hatte und den sie bis ins Alter einhielt, sich ausdachte und merkte und mir, ihrer kleinen Schwester, als Frau später einmal in einem Streitgespräch, warum sie so gar nicht an Politik Anteil nehme, an den Kopf warf, daß mir kein Wort mehr kam: „Damals als der Krieg aus war und Papa gefallen, da hab ich mir geschworen, ich werd mich niemals um Parteien kümmern, denn Papa war in der Partei, und er ist daran gestorben."

Ich habe nicht die Geschichte einer negativen Heldin samt psychoanalytischem Herzensschlüssel aufgebaut, denn ich hätte mir damit einen Drachen herangezüchtet, der mir die Sonne des Tages verdunkelt, der die Wände meiner Wohnung staubgrau verfallen erscheinen läßt und mein Gesicht im Spiegel sterbenskrank. Ich hätte in der Frankfurter Proleten-U-Bahn das ausländische Gesindel gehaßt, ich hätte die schreienden Kinder auf der Straße grimmig zurechtgewiesen, ich hätte einer jungen Punkerin mit bunt bemaltem Gesicht den Arbeitsdienst gewünscht, aber einem väterlichen alten Herrn, dem am Kiosk die BILD-Zeitung runterfällt, hätte ich sie höflich wieder aufgehoben, gelächelt und gesagt: Seit nett zueinander. Dann wäre ich in ein Cafe gegangen, hätte Schwarzwälder Kirschtorte gegessen und gedacht: Wie kann man nur füe eine Sache sein Leben einsetzen, besser man genießt es, und ich hätte den Panzer des Drachens um mein Herz und seine Giftzähne auf meinen Kiemen und seinen Schatten über meinen Augen nicht mehr gespürt, sondern immer nur süß gekaut und artig bezahlt.

Ich mag mich nicht verständnisvoll in diese schweigende Mehrheit hineinversetzen, und sei sie mir schwesterlich verwandt, die 1945 ihren Vater betrauerte, immer seine Tochter blieb und keine Freunde für ein lebendiges Gesellschaftsspiel zun Lernen, Probieren, Wünschen und Nachdenken suchte. Für diese Leute muß man sich keine Geschichten ausmalen, daß sie schließlich, wenn sie überhaupt lesen würden, noch Mitleid mit sich selber kriegen. Und wenn du ihnen bei der nächsten Wahlauszählung wieder massenhaft begegnest, dann such die Schuld darin, daß die Menschen, wenn sie erstmal fünfzehn sind, nichts mehr dazulernen wollen. Denn Kopfzerbrechen ist schmerzhaft.

Hermine Zangerl
Erinnerung mit Sicherheitsabstand – Der Krieg und seine Verwendung im Kampf der Geschlechter

Großvater hinterließ nicht genügend Erinnerung, um wirklich gehaßt zu werden. Er starb, noch ehe er richtig Vater werden konnte; das einzige, was seine Vaterschaft bezeugte, war seine Leber und ein Brief von der Front, in dem er seine Freude über die künftige Geburt seines Sohnes Ausdruck verlieh, wobei er es dann aber ganz im Stile der höheren Stände seiner Zeit bewenden ließ. Er entledigte sich seiner Pflicht, indem er fürs österreichisch-ungarische Vaterland den Kopf hinhielt, welches es aber schon zu der Zeit, da der Sohn dann wirklich geboren wurde, nicht mehr gab. So wurde ein kleiner Tscheche geboren, ohne daß sich bei Land und Leuten viel änderte.

Großvater war ein feiner Herr gewesen, fast schon sowas wie Herrschaft, Kellermeister im Dominium. Da er der Aufgabe, die ihm von der Herrschaft anvertrauten Weine auf ihre Qualität hin zu prüfen, offensichtlich stets sehr sorgfältig und persönlich nachgekommen war, hatte er, wie sich herausstellte, dem posthumen Sohn nebst seinem guten Namen auch eine Säuferleber als Erbschaft hinterlassen, was jedoch Merkmal einer ganzen Reihe von Kindern in der Umgebung war. In der Folge pflegten diese Kinder dann einen gewissen Hang zu Gott zu entwickeln, wurden von ihren Vätern auf Priesterseminare geschickt und machten, je nach Willfährigkeit und Fähigkeit, die unterschiedlichsten klerikalen Karrieren – vom Mönch bis hinauf zum Generalvikar. Einer dieser Brüder im Herrn wird in der Geschichte noch eine Rolle spielen.

Offiziell wurde über die wunderbare Verbreitung von Säuferlebern unter Kleinkindern einer bestimmten Gegend nicht gesprochen; da die Väter dieser Kinder auch im Dominium arbeiteten oder von Frauen ernährt wurden, die im Dominium beschäftigt waren, bestand dazu keine Veranlassung. Vom Dominium lebten dort zu dieser Zeit fast alle Leute dieser Gegend, das heißt: Die Männer, oft arbeitslos, zehrten von ihren Frauen, ergaben sich aus Unglück darüber zumeist dem Spiel und dem Suff, sodaß das gehäufte Vorkommen von Säuferlebern keiner weiteren Erklärung bedurfte; es war ein Unglück, aber eben Schicksal der Kinder. Im Unterschied zu diesen Fällen hatte Großvater seinem Sohn die Vaterschaft verbrieft.

Obwohl also davon auszugehen ist, daß dieser sein liebster Sohn geworden wäre, hätte Großvater dessen Geburt noch erlebt und Zeit gefunden, die Kindesmutter jenes im Namen des Vaters geborenen Kindes zu ehelichen, scheint Großmutter jenem Marienkind gegenüber eine gewisse Ambivalenz gehegt zu haben; gleich mehrfach wurde auch dieses Kind der Liebe Gott geweiht. Nachdem Sprünge vom Stuhl, beharrliches Treppensteigen und die Anwendung von Nadeln durch weise Frauen nur zu einer etwas verfrühten Geburt geführt hatten, legte die Hebamme das zerzauste kleine Wesen, das kaum Lebenszeichen von sich gab, mit den Worten beiseite: „Das machts so und so nicht lang." Als der Allmächtige diese Opfergabe eineinhalb Tage später immer noch nicht entgegengenommen hatte, das Bündel zudem gegen jede Erfahrung und Autorität laut zu plärren anfing, muß die Kindesmutter ein Gefühl beschlichen haben, welches ihr Sohn daraufhin sein Leben lang als Liebe zu interpretieren bereit war. Diese im Überlebenskampf erworbene Fähigkeit, auf mehrdeutbare Zustände eindeutig zu reagieren, hat Vater, wie wir das Kind von nun an nennen wollen, immer wieder an den Tag gelegt – auch, als ein weiterer Versuch unternommen wurde, ihn Gott zu weihen. Irgendein Verwandter des Kindesvaters muß nach Rücksprache mit der Mutter bereit gewesen sein, dem Kind eine Ausbildung am Priesterseminar zu bezahlen. Vater schlug auch diese Chance aus; er verschwand über die Mauern des Seminars und kehrte in die Arme seiner eben einzigen Geliebten zurück. Diese kam, als die Zeit heranreifte, da aus Vater etwas werden mußte, den künstlerischen Neigungen ihres Sohnes entgegen, indem sie ihm in eine Weißbinderlehre gab, weil der Schullehrer erwähnt hatte, wie schön das Kind doch malen könne. Der Umgang mit Farbe und Pinsel im großen Rahmen scheint jedoch nicht ganz und gar Vaters Neigungen entsprochen zu haben. Diese wandten sich vorerst den Geschöpfen des anderen Geschlechts zu, ohne Großvaters Virtuosität zu erreichen. Auch von Veters Arbeit als Lehrling und Geselle ist weder Positives noch Negatives zu berichten, außer vielleicht der Tatsache, daß er sich – etwa zur selben Zeit, da er zu seiner späteren Ehefrau eine nähere Beziehung einging – beim Umrühren der Farbe eine Bleiweiß-Vergiftung zuzog, auf die Bahre gelegt und nach ein paar Tagen vom Pfarrer der nächsten Kreissstadt im Krankenhaus mit dem heiligen Sakrament der letzten Ölung versehen wurde. Daß diese Zeremonie von einem jener ehemaligen Kinder mit Säuferleber vollzogen wird, ist allerdings weder dem Zufall noch irgendeiner poetischen Logik zuzurechnen, sondern entspricht der Ordnung der Dinge, das heißt der Verteilung von Pfarreien an mit Säuferleber bagabte und zum Priesteramt bestimmte Kinder eines bestimmten Zeitabschnitts in einer bestimmten Gegend des Sudetenlandes, dessen Neubelebung als deutscher Gau Vater allerdings nur im Koma erlebte, womit auch seine Karriere als Maler und Weißbinder ein jähes Ende fand. Da Vater auf Versuche, ihn Gott zu weihen, bekanntlich allergisch reagierte, machte er auch diesmal den daran beteiligten Personen einen Strich durch die Rechnung, wachte auf und gab auf der Stelle der künftigen Frau seiner Kinder das Eheversprechen, da diese, offenbar als einzige seiner Bekanntschaften am Totenbett ausgeharrt und geweint hatte.

Mutter war das Kind jenes Schuhmachermeisters der Kreisstadt, der sein Geschäft direkt am Marktplatz hatte und im Gegensatz zu den Schustern eben kein Flickschuster war, wie er immer betonte, sondern Schuhmachermeister, also selber Schuhe herstellte. Er war somit Fabrikant, beziehungsweise er war es fast, jedenfalls beschäftigete er mehrere, zumeist tschechische Gesellen und Lehrlinge, die zumindest zu Beginn ihrer Lehre des Deutschen nicht mächtig waren und daher den Meister jedes Jahr aufs neue mit dem traditionellen, eingeübten Spruch begrüßten: „Morgen Meister, hundsverfluchtes, langes Leben, bals krepier!“ Unter Glucksen und Prusten der anderen pflegte daraufhin der Meister sich artig mit einem kleinen Geldgeschenk und einem Umtrunk zu bedanken, dem einzigen, den es das ganze Jahr über in diesem Hause gab, womit des Schuhmachers Einstellung zur Verlobung seiner Tochter mit einem unehelich geborenen, Wein, Weib und Spiel nicht abgeneigten Maler festzustehen schien. Allerdings wurde dieses harte Urteil von einem anderen Maler modifiziert, der nach seinen Stammlanden Österreich auch die sudetischen Randgebiete just zu dem Zeitpunkt heim ins Reich holte, da Vater onmächtig darniederlag. Als hundertprozentigem Deutschen kam Vater von nun an eine neue Bedeutung zu; der Schuhmacher hatte eine Tschechin geheiratet, außerdem bestand des Schuhmachers Hauptverdienst darin, Reichsdeutschen, die extra zu diesem Zweck über die Grenze gekommen waren (die es jetzt nicht mehr gab), Stiefel anzupassen und anzufertigen. Um keine Mißverständnisse aufkommen zu lassen, die wegen der Führungsstellung der damaligen tschechischen Schuhproduktion in der Welt naheliegen, muß betont werden, daß es sich bei dem erwähnten Schuhmacher nicht um den Konzernherren Bata handelt, nachdem heute eine lothringische Stadt am Rhein-Marne-Kanal benannt ist, da Bata schon in den zwanziger Jahren einen sehr spektakulären Selbstmord begangen hatte. Der Schuhmacher war klug genug, es sich mit den Reichsdeutschen nicht zu verderben, zumal die Produktion von Stiefeln kurz nach dem Stalin-Hitler-Pakt August 1939, kurz vor dem Einmarsch in Polen, einen Höhepunkt erreichte. Jedenfalls war das Mißverständnis zwischen Verlobter und Verlobtem durch die Ereignisse korrigiert wenn nicht gar verkehrt worden. Er war arm, unehelich und quasi ohne Ausbildung, da er seinen Beruf nicht mehr ausüben konnte, aber er war nicht nur deutsch, sondern auch noch nachweislich arisch; während dies ein wunder Punkt in ihrer Herkunft bleiben sollte. Dafür hatte sie eine beträchtliche Mitgift zu bieten und auch sonst eine Perspektive, da sie kurz vor der Meisterprüfung als Schneiderin stand. Zwar zählte Veter ebensoviele Jelineks, Sedlaceks und Fuciks unter seinen Vorfahren wie Mutter, aber diese war unleugbar als Halbtschechin geboren, was ihrer Verheiratung mit einem Deutschen entschieden im Wege stand.

Wie schon erwähnt besaß Vater die Fähigkeit, auf komplexe, ja verworrene Situationen überraschend einfach und eindeutig zu reagieren, wohingegen einfache Sachlagen in ihm ungewöhnlich kaum endende Denkprozesse aktivierten. In der eben beschriebenen schwierigen Lage soll er zu dem Entschluß gekommen sein, auszuwandern – allein! An diesem Punkte gehen die Berichte der beteiligten Personen je nach Interessenlage auseinander. Mutter behauptet, Vater habe, als ruchbar wurde, er halte es politisch mit allen Seiten – mit den Deutschen und den Kommunisten, was ein Widerspruch gewesen sein muß – sich von einem Tag auf den anderen nach Reichsdeutschland abgesetzt; vater versichert, sie habe ihm damit gedroht, seine Kontakte zu irgendwelchen tschechischen Widerstandskämpfern preiszugeben, falls er nicht endlich sein Versprechen einlöse, sie zu heiraten. Jedenfalls gibt es keine überlieferten plausiblen Gründe dafür, daß Vater nach ein paar Monaten wieder auftauchte und die Ehe doch vollzog, es seien denn Hoffnung und Liebe, die uns aus den Hochzeitbildern entgegenblicken. Zur gleichen Zeit kehrt die Wehrmacht in Polen mit eisernem Besen, werden Dänemark und Norwegen von Deutschen Truppen genommen, beginnt der Westfeldzug. Einen Monat nach der Hochzeit wird Paris besetzt. Um sein Verantwortungsbewußtsein für die zu gründende Familie unter Beweis zu stellen, bewirbt sich Vater sogleich bei der zu diesem Zeitpunkt stark expandierenden Recihsbahn, die für den reibungslosen Funktionsablauf eine größere Anzahl mehrsprachigen Personals benötigte. Da Vater Deutsch und Tschechisch fließend sprach und zudem reinrassig war, wurde er tatsächlich eingestellt und – kinderlos – ins Protektorat Böhmen und Mähren versetzt, ins heutige Tlustomosty, einem oberschlesischen Flecken zwischen Leoschütz und Ratibor. Zwar lagen zwischen dem Ort, wohin Vater verstzt worden war, und der vorher erwähnten Kreisstadt im Sudetischen nur etwa dreißig Kilometer Luftlinie. Die Gegenden waren aber durch eine jahrhundertealte Grenze getrennt, es gab keine Bahn, keinen Bus, kaum verbindende Straßen. Der Kontakt der Eheleute war zudem erschwert, weil Mutter zur Schwiegermutter weiter südlich aufs Dorf gezogen war nach dem endgültigen Bruch mit ihrer Familie, in der sich ein Teil der Brüder zum absoluten Tschechentum bekannte, während die anderen mit gleichem Recht aus den Ahnenbüchern ihr Deutschtum ableiteten. Vermutlich ging es dabei um Erbschaftsauseinandersetzungen, die Ende des Krieges schließlich überraschende Lösungen fanden. Noch aber hatte der Krieg mit Rußland nicht begonnen, der das Schicksal dieser Menschen prägen sollte. Vater war Beamtenanwärter geworden . Mutter bekam ein Kind in Abwesenheit des Vaters. Petain arrangierte sich mit den Deutschen. Die Engländer flogen erste Nachtangriffe. Der Rußlandfeldzug beginnt; alle Reserven werden an die Ostfront geschickt. Vaters Urlaub wird immer seltener. Trotzdem wird ein zweites Kind gezeugt. Zur gleichen Zeit wird die Endlösung der Judenfrage beschlossen.

Wie die Wege Gottes sind die Verkehrswege der Bahn zwar oft verworren, nie aber ohne Sinn. Vater wird Stationsvorsteher in Stolmütz, das einige Bahnhaltepunkte vor Auschwitz liegt. Im selben Maße, wie sich Vater mit jedem Waggon schreiender, stummer oder schon toter Menschen das Rätsel des hohen Verkehrsaufkommens und seiner eigenen Einstellung erlosch, erlosch sein Glaube an die großdeutsche Idee, seine Loyalitätspflicht als deutscher Beamtenanwärter und den Sinn seines eigenen Lebens (obwohl er, wie er versicherte, nicht unbedingt Sympathien für diese Leute hegte).

Seinem Leben möchte Vater jedoch nicht ohne Rücksprache ein Ende bereiten; er nimmt Urlaub, hat jedoch den schlechtesten nur möglichen Zeitpunkt gewählt. Als er zu Hause ankommt, ist sein Sohn gerade gestorben. In der psychoanalytischen Literatur wird behauptet, daß das Kind Abwesenheit, Fort-Sein symbolisch nur als vorübergehenden (Erlebnis)Zustand imaginieren kann, sofern es Da-Sein (von Mutter, Lutscher, Radio, Fernseher, Vater, Bonbon usw.) als Wirklichkeit erleben lernt, was selbstverständlich auch nur eine Fiktion ist, da Anwesenheit nur auf dem Hintergrund einer stets mit dem Tode drohenden, in gewisser Weise immer verdrängten Abwesenheit erfahren werden kann. Als der von Mutter Erst-Geborene im Alter von zwei Jahren stirbt, hatte er den Vater höchstens vier-, fünfmal gesehen. Er starb an Diphterie just zu dem Zeitpunkt, da Vater sich zu seiner Familie aufmachte. Das Kind litt sehr, es erstickte, es starb an Diphterie, da keine Medikamente mehr da waren, da keine Ärzte mehr da waren, auch keine deutsche Truppen mehr; sie wurden in Rußland gebraucht. Die deutsche Offensive von 41 war steckengeblieben. Die Russen führten den Gegenschlag. Der Krieg begann auch für die Deutschen wirklich zu werden. Der Sohn wird, in einem Karton verschnürt, nachts von Mutter und Großmutter auf dem Friedhof vergraben. Alle Anstrengungen sind in diesem Augenblick auf die Steigerung der deutschen Rüstungsproduktion gerichtet. Mutter hat sich selbst mit Diphterie infiziert. Das zweite Kind ist unterwegs, es steht zu befürchten, daß es nicht normal werden wird. Als Veter unvermittelt auftaucht und Mutter seine Absicht offenbart, aus dem Leben zu scheiden, varmag diese das Unglaubliche nicht zu glauben und stellt ihn vor die Wahl, entweder sie und das unter ihrem Herzen schon ziemlich weit gediehene Kind ebenfalls umzubringen oder aber zu seiner Verpflichtung ans deutscher Vater zu stehen. Da diese Auseinandersetzung im Rahmen ländlicher Privatheit stattfand, waren sogleich die kompetentesten Verwandten zu einem Rat versammelt, verurteilen ihn wie das künftige Kind zum Leben und versprechen, auch für sein Seelenheil Sorge zu tragen. Tatsächlich tauchte kurze Zeit später einer jener Brüder im Herrn (mit Säuferleber) in Veters Station auf, um ihm während des Nachtdienstes Beistand zu leisten, sich von einem ordnungsgemäßen Gütertransport zu überzeugen und schließlich, angesichts der Fakten, in den frühen Morgen zu torkeln. Bis zu ihrem Lebensende, vierzig Jahre später, werden beide gute Freunde bleiben (manchen Wein und einige Frauen miteinander teilen), was nur beweist, daß Gottes Gerechtigkeit zu manchen Zeiten nur als schielender, versoffener Halunke übersteht.

Ein zweiter Sohn wird geboren, während Vater seinen Dienst versieht. Um Stalingrad beginnt der Kreis sich zu schließen. Kein Zentimeter Boden wird kampflos dem Feind preisgegeben. Auf den Tag genau ein Jahr, nachdem Mutter ihr zweites Kind auf die Welt gebracht hat, wird Mussolini zum Rücktritt gezwungen. Die Russen überschreiten die polnische Grenze. Die Aliierten landen in der Normandie. In den Nächten des sudetischen Dörfchens regt sich wieder der tschechische Widerstand; es wird abgerechnet. Hitler übertsteht das Juli-Attentat. Am 3.8. werden alle wehrfähigen Männer zwischen sechzehn und sechzig eingezogen. Mutter wird von tschechischen Freunden vor Racheakten gewarnt. Mutter und Großmutter flüchten zu Vater, der Front entgegen. Ein weiteres Kind ist unterwegs, aber Vater ist in Schlesien nicht mehr zu finden; er ist, zwangsrekrutiert, in Nahkämpfe mit den Russen verwickelt. Fürs Einkleiden in eine ordentliche Uniform blieb keine Zeit. Zudem ähneln die blauen Eisenbahneruniformen denjehnigen der SS. Vater überlebt fünf Nahkampfeinsätze, ist somit nahkampfspangenberechtigt und gräbt sich, nach Erhalt der Nadel, beim sechsten Einsatz vorsorglich so meisterhaft ein, daß er, einige Stunden später, als alles ruhig zu sein scheint, wie ein Maulwurf mitten im provisorischen Kriegsgefangenlager der Russen auftaucht, obwohl diese bekanntlich keine Gefangenen machen. Der sofortigen Erschießung als besonders gefährlicher SS-Spion entgeht Vater nur, indem er den Russen in fließendem Tschechisch eine überaus eloquente Lektion in Uniformkunde erteilt und auch tatsächlich in der Lage ist, ihnen den Unterschied zwischen Schwarz und Blau sowie Tressen mit und ohne SS-Runen zu verdeutlichen. Die Fähigkeit, wenigstens nach außen hin einen klaren Unterschied zwischen An- und Abwesenheit zu machen, rettet also Veters Leben. Von nun an wird er bereit sein, wenigstens pragmatisch an diese Unterschiede zu glauben. Seinem Sohn aber, der zu diesem Zeitpunkt etwa mit Erinnerung zu leben beginnt, wird er fürderhin nur einen Ratschlag geben: „Junge, werd nie Beamter!“

Mutter ist inzwischen mit Schwiegertochter ins Dorf zurückgekehrt, hat einer Tochter das Leben geboren und ist damit beschäftigt, wie andere junge Frauen auch, sich ihrer Haut zu erwehren. Nachts, wenn Russen und Tschechen durch die Straßen patrouillieren, sind die Frauen sicher und bei ihren Kindern. Tagsüber halten sie sich in einem bestimmten Haus auf einem Dachboden in einem Verschlag versteckt. Fünfzehn Frauen auf vier mal vier Meter; technische Einzelheiten wären vielleicht nur noch von jenen kleine Kindern zu erfahren, die in äußersten Notfällen über Felder und Hintergärten zu den Müttern gebracht werden. Die Tatsachen haben sich ins Gedächtnis dieser Ein- bis Dreijährigen eingeprägt, sie werden sie nie vergessen, aber sie sind nicht von ihnen zu erfahren. Sie sitzen auf den Fensterbänken ebenerdiger Häuser, sie lassen sich von den Soldaten streicheln – Russen lieben bekanntlich kleine Kinder und Katzen – und wenn die Kinder gefragt werden, wo Mama ist, sagen sie: „Tot."

Es ist warm, die Sonne scheint. In den Gärten liegen Hände mit zugehörenden Ärmeln, Knöpfe angenäht. Jacke ohne Revers. Onkels Kopf in der Jauchegrube. Die ganze nichtversteckte Verwandtschaft hat sich an der Suche nach Onkel beteiligt, der Sonntag morgens in den Garten getreten und von einer Granate zerissen worden war.

Das Kind liegt im Bett. Ein Mann reißt Mutter die Kleider herunter. Das Kind hält sich an den Gitterstäben des Bettes fest und schreit. Mutter schreit. Der Mann bleibt wie in einem Stummfilm stumm. Aus einem Verschlag sind fünfzehn Augenpaare auf das Kind gerichtet, das an der Hand einer alten Frau die drei Treppen auf den Dachboden hochgeklettert ist. Es versucht unbeholfen, die leere Garnrolle aufzuheben, die seinen Händen entglitten ist. In der Luft hängt ein Fallschirm, daran etwas, was pendelt. Der Fallschirm wird auf eine Scheune zugetrieben, deren Dach zerschossen ist. Im Innern der Scheune wachsen schon erste Blumen. Das Tor ist offen. Innen ist es hell. Auf dem Boden wachsen Blumen und einige Halme Gras. Am vom Dachgebälk befreiten Giebel hängt der Fallschirm in Fetzen, darunter Schnüre, straff gespannt, ein straff gespannter Gurt; darin hängt regungslos ein Körper in grauer Jacke und grauer Hose. Nur am Bauch ist die Uniform zerrissen und rot. Das Kind wird an der Hand zurückgezerrt, zurück in den Garten, Onkel suchen. Gerade als das Kind mit spitzen, freudigen Schreien den Fund von Onkels Hand mit angenähtem Ärmel anzeigt, läuten die Glocken den Sonntag ein. Vielleicht wird dieses Kind einmal Vater oder Mutter werden.

Hubert Winkels
Gedächtnisbefehle

Einigeten wir uns darauf:
Es schmerzt
Ein Riß
Zwei Daten
45 das eine
Das andere suchen selbst Götter
Vergeblich

Sie sind doch einverstanden:
Mit dem Gefühl
Verzweiflung
Ist der letzte Schrei zum Absoluten
Immerhin

Drum denken Sie:
Was bliebe
Wenn nicht
Trauer tiefwärts
Die Spur zu finden
Wo der Himmel auf die Erde stürzte
An Empfindung

Wir können abschließend feststellen:
Unsagbar das Leid
Natürlich die Opfer
Sind Brüche Schründe
Der Zeit
Unserer Reden
Ihnen nach
Vergessen heißt Wiederkehr
Sie fernhalten: erinnern

Brigitte Volhard
Krieg ist bis kein Krieg mehr ist

Als der Krieg kam, ging er fort in den Krieg. Er war ein kleiner Mann und er ging fort in den Krieg. Manchmal geht ein kleiner Mann nicht in den Krieg, aber er war ein kleiner Mann und ging in den Krieg, und mehr noch, er ging nicht und kochte im Krieg, wie es viele Köche taten, er ging in den Krieg und er kämpfte im Krieg, und mehr noch, er kämpfte all die langen Jahre die Krieg war bis kein Krieg mehr war.
(Gertrude Stein)

War mein Vater ein kleiner Mann?

Nein, er war groß und wurde immer größer.

Er war auf Urlaub gekommen, der Vater. Groß war er und hager, eine grüne Uniform, ein grünes Schiffchen. Ich stand an der Treppe. In die Höhe hat er mich gehoben, für einen Augenblick sah ich sein Gesicht ganz nahe, die tiefliegenden ernsten Augen, die Köpfe dicht beieinander sahen wir uns an. Dann hat er mich zurück auf die Erde gestellt. Im Thüringer Wald, im Frauen- und Kinderhaus ist er nicht lange geblieben.

Mütter, Töchter, Omas, Tanten, Schwestern, Cousinen, Kindermädchen, Pflichtjahrmädchen, eine Ukrainerin und vierzehn Kinder lebten in diesem Haus, das die Großeltern lange vor Kriegsausbruch mit ihren zehn Kindern in Ferienzeiten bewohnt hatten. Die Väter waren im Krieg. Als Frankfurt bombadiert wurde, hatte der Großvater Töchter, Schwiegertöchter und Enkel dort in Sicherheit gebracht. Es war 1942, als wir von Frankfurt nach Thüringen zogen. Bis dahin hatten wir, gemeinsam mit den Großeltern, in einem Haus gelebt, sie unten, wir im Dachgeschoß.

Im Aufbruchstrudel hatte jemand meine jüngste Schwester auf dem großen Tisch in der Diele abgelegt. Ich sollte auf sie aufpassen. Die Aufgabe bestand in nichts weiter, als ihr beim Auf-dem-Tisch-liegen zuzusehen. Sie war zu klein, um sich fortzubewegen. Ich war stolz über diesen Auftrag.

Vaters kurzer Urlaub war zu Ende. Gemeinsam begleiteten wir ihn durch den kleinen Wald hinter dem Haus, gingen den schmalen Pfad, ein langes Stück am Wald entlang. Nur wenige leise gesprochene Sätze, die Eltern still nebeneinander her, der Vater mit dem Tornister auf dem Rücken, selbst die Tanten sprachen nicht. Keine Ermahnung, wir wurden zu nichts angehalten. Ich ging neben meiner ältesten Schwester hinter den Eltern her, die Brüder folgten uns. Heute stritten wir nicht. Den Schritten der Eltern vor mir versuchte ich mich anzupassen.

Schließlich verabschiedete sich der Vater von uns, ging alleine weiter, wir blieben stehen. Wartend, abwartend? Er drehte sich noch zweimal um, winkte, dann nicht mehr. Wir traten langsam den Heimweg an, ich drehte mich noch einige Male um, sah wie der Vater sich immer weiter entfernte, bis er nicht mehr zu sehen war. Die Mutter ging vor uns her, schweigend. Als ich meine Hand in ihre schob, schien sie mich kaum zu bemerken. Unsere Fragen, warum der Vater so kurz geblieben sei, warum er denn wieder in den Krieg müsse, warum er denn nicht dabliebe, wenn er doch gar nicht gerne ginge und ob er bald wiederkäme, beantwortete sie nicht, nickte nur mit dem Kopf und erinnerte an den Mittagsschlaf. Sie ging ins Haus und ließ die Haustüre offen. Ich blieb im Garten und sah den Hühnern zu, die in der harten Erde pickten und scharrten. Warum waren die Hühner so schmuddelig grau und der Hahn schön bunt? Ich kannte die Verstecke der Hühner und fand auch die, die die Hühner nicht ins Nest gelegt hatten.

Mittagsschlaf war langweilig. Ich war nicht müde. Als eine der Tanten uns vom Fenster des Schlafzimmers aus rief, liefen mein Bruder und ich hinter den Holzschuppen und kletterten hinauf. Bäuchlings legten wir uns auf die rauhe Dachpappe, die, wenn die Sonne darauf schien, angenehm warm war. Wir machten die Augen fest zu, fühlten uns unsichtbar und taten so, als hörten wir nicht.

Ich war vier, mein Bruder sieben Jahre alt.

Manchmal wurden Briefe oder Karten von meinem Vater vorgelesen, ansonsten war er für mich jemand, der zum abendlichen Gebet gehörte: Lieber Gott, mach mich fromm und daß Vati aus dem Krieg nach Hause kommt. Jeden Abend dieses Gebet mit der Gewißheit, daß ich damit meinen Teil zu seiner Rückkehr beigetragen hatte. Ich lernte Luftmaschen häkeln, saß lange Abende auf der Bettkante und häkelte eine Schnur für meinen Vater. Irgandwann sollte daraus eine Decke entstehen.

Ich bin 1939 geboren. Krieg war Alltag für mich. Krieg war, daß Väter erwartet wurden und wieder fort mußten. Krieg war, daß meine Mutter am Schreibtisch saß, Briefe schreibend. Krieg waren die allabendlich sorgfältig herabgelassenen Rollos, das Verbot, nach Anbruch der Dämmerung einen Lichtschein nach außen dringen zu lassen.

Krieg war auch die Erinnerung an den Luftschutzkeller in Frankfurt, wo ich, dreijährig, der grauen Eisentüre mit dem großen Griff am nächsten lag. Es sei gut so, hatte meine Mutter damals gesagt, dann könne ich im Notfall als erste zum Ausstieg hinaus. Krieg war, auf dem Arm eines Erwachsenen hinausgetragen zu werden auf die Straße, den feuerroten

Himmel über der Stadt leuchten zu sehen, unheimlich und schön.

Vom Frieden erzählte meine zehn Jahre ältere Schwester. Im Frieden gäbe es Bonbons und Plätzchen und ganz viel zu essen. Ich mochte diese Geschichten, glaubte sie aber nicht.

Als ich meine Mutter fragte, ob mein Vater im Krieg auf andere Menschen schießen muß, erzählte sie, er sei Chauffeur bei einem General und müsse diesen im Auto umherfahren. Also war mein Vater im Krieg, was Herr Glaser für meinen Großvater im Frieden war. Ein Chauffeur.

Eines Abends wurden die Rollos nicht mehr herabgezogen, es hieß, der Krieg ist aus. Frieden sei dies noch nicht, nur Waffenstillstand. Was war, wenn die Waffen aufhörten stillzustehen. Würde dann wieder Krieg sein?

Dicht an dicht standen Jeeps und Panzer hintereinander, grau-grün, wie die Männer, die an ihnen lehnten. Sie trugen die Hemden offen, die Ärmel hochgekrempelt, standen in der Sonne, rauchend; sie redeten miteinander in einer Sprache, die ich nicht verstand. Wartend standen und lagerten sie auf dem Weg vor unerem Haus, wir Kinder auf der anderen Seite des Maschendrahtzaunes betrachteten sie mit ängstlicher Neugierde. „Okay", sagte einer, der zu uns an den Zaun getreten war, lachte mit vielen Zähnen und steckte uns eine schmale Pappe durch den Zaun. Er zeigte uns, wie die Hülle abzuziehen und das fein gezackte Silberpapier zu entfernen war, bedeutete uns, das Kaugummi zu kauen, aber nicht hinunterzuschlucken. Ein anderer schob uns Stücke der dicken, dunklen Cadburry-Schokolade durch den Zaun, eine Schokolade, die ich heute noch besonders gerne esse. Die jüngste meiner Tanten, sie muß damals vierundzwanzig gewesen sein, rief uns immer wieder streng vom Zaun zurück und erklärte, vom Feind dürfe man keine Geschenke annehmen. Meine Mutter fand das weniger schlimm. Darauf ging ich immer wieder an den Zaun, um mir Schokolade oder Kaugummi schenken zu lassen.

Unser Haus war das größte am Ort. Dort zogen die Amerikaner ein. Wir mußten in das kleine Behelfsheim am oberen Teil der Wiese ziehen, eine vom Onkel gebaute Baracke. Ein einziger großer Raum, zwei Schlafkojen und die Veranda. Wir Kinder schliefen zu mehreren in den Übereinander-Betten, die Erwachsenen auf Liegestühlen, Stühlen und Tischen. Nur das Eingemachte aus dem Keller hatten wir mitnehmen dürfen, und ich sehe noch die russische Ria die eingemachten Früchte direkt aus dem Glas löffeln. Im Liegestuhl schlief sie, nur mit ihrer Jacke zugedeckt, den Haarkranz fest um den Kopf, nicht die Haare geöffnet wie sonst. Der Lichtschein einer Kerze drang von der Veranda, wo die Erwachsenen saßen und sich leise besprachen, in die Schlafkoje. Wir waren alle beieinander auf engstem Raum.

Als die Amerikaner abgezogen waren, hatten sie eine solche Unordnung hinterlassen, daß ich mich im Haus nicht zurechtfand. Sie hatten in den Wohnräumen geschlafen, in den Schlafräumen gegessen, Tische und Stühle beiseite oder aufeinander gestellt, Töpfe und Geschirr standen auf dem Boden, dazwischen das Silberbesteck. Das weiße Geschirr mit Goldrand, das nur bei Taufen und Konfirmationen benutzt wurde, hatten sie hervorgeholt, auf den Tellern lagen Speisereste, die ich alle hätte essen mögen, wenn ich gedurft hätte. Ein Eindruck von Chaos und Luxus, den ich auch später noch lange mit Amerika in Verbindung brachte.

Die Russen kommen, wurde gemunkelt.

Und wenn die Russen kommen?

Die Russen werden bald hier sein und, bevor die Russen kommen, müssen wir hier weg sein. Die Erwachsenen schienen Angst vor den Russen zu haben, solche Angst, daß sie weglaufen wollten vor ihnen.

Mit der Ukrainerin, der „russischen“ Ria, war ich viele Male zu den Baracken am Ende der Straße, da wo der Wald anfing, gewandert. Meine Käthe-Kruse-Puppe Ursel, die ich später in Peter umgetauft habe, weil sie keine Haare, sondern eine aufgemalte Bubenfrisur hatte, durfte ich mitnehmen. Das schwierige russische Wort für Puppe hat sie mir beigebracht, wenn wir die Straße hinuntergingen, ihre Landsleute besuchen, die als Waldarbeiter in einem Lager lebten. Ernste Männer in großen, zerrissenen Kleidern. Immer spielte einer mit mir oder ließ mich auf seinen Knien sitzen, während die anderen sich mit Ria unterhielten. Wenn ein offenes Feuer brannte auf dem düsteren Platz vor den Baracken und sie Äpfel brieten, schenkten sie mir einen von den wenigen. Manchmal sangen sie traurige Lieder in unverständlichen Worten. Lustig waren sie nie, aber Angst hatte ich keine vor ihnen.

Als mein Großvater 1945 nach Thüringen fuhr, in aller Eile uns abzuholen und vor den Russen in Sicherheit zu bringen, fand er den großen Garten wie ausgestorben, das Haus still. Fast wäre er umgekehrt in der Annahme, wir seien schon abgereist, wäre nicht eine der Tanten aus dem Haus getreten.

Wir feierten Geburtstag, die ganze Familie war um den Eßtisch versammelt bei Kakao und Kuchen, für jeden ein Stück, das auch wir Kinder langsam aßen, um recht lange davon zu haben. Wir spielten

„Wattepusten“, wir pusteten den Wattebausch über den Tisch und achteten darauf, daß er nicht zu Boden fiel. Der Verlierer mußte ein Pfand zahlen.

Der Großvater hatte einen Omnibus organisiert, der in wenigen Tagen da sein sollte. Die Vorbereitungen für den Umzug warfen alle bisherige Ordnung über den Haufen. Regelmäßige Mahlzeiten gab es nicht mehr. Wir Kinder liefen mit großen Speckscheiben und Brot durch den Garten und durften so viel essen, wie wir wollten. Ria hatte die Maden aus dem Speck gepult. Der Speck schmeckte uns.

Im offenen Opel des Großvaters fuhren wir von Thüringen nach Frankfurt, vier Erwachsene, vier Kinder. Die Sonne schien. Uns Kindern hatte man viele Kleidungsstücke übereinander angezogen. Für Gepäck war kein Platz im Auto. Uns war heiß. Ich war gespannt darauf, die „kaputten Häuser“ zu sehen.

Wir Kinder auf dem Rücksitz überlegten, ob wohl die Häuser umgefallen seien, auf der Straße lagen, wir nicht würden weiterfahren können, über die Häuser hinwegsteigen oder klettern müßten. Ob wohl die Fenster und Türen herausgebrochen wären oder die Dächer heruntergekippt, wie die Dächer unserer Bauklotzhäuser abstürzten, wenn man daranstieß. Als wir durch Frankfurt fuhren, sahen die zerstörten Häuser weit unheimlicher aus, als wir sie uns hatten ausmalen können.

Da das Haus, in dem wir zuvor in Frankfurt gewohnt hatten, ausgebombt war, zogen wir in ein Mietshaus in den dritten Stock. Viele Zimmer, viele Menschen, kein Wald, keine Wiese. Ringsum kamen Väter nach Hause, Väter von Vettern und Cousinen, Väter von Freundinnen und Klassenkameraden. Immer wieder die Frage: Und dein Vater, habt ihr etwas gehört? Schließlich hieß es, er sei vermißt. Vermißt hieß für mich, daß er noch lebte. Vermißte man etwas, war es wiederzufinden, suchte man nur gründlich genug.

Oma H. war die einzige, die Zeit für uns Kinder hatte. Aus Grimms Märchen las sie vor. Reihum durfte jedes Kind sich wünschen, welche Geschichte es hören wollte. Ich wünschte mir immer wieder das Märchen „Von einem, der auszog, das Fürchten zu lernen". Jedesmal stand ich schreckliche Angst dabei aus, war froh, wenn es auserzählt war, und wollte doch dieses Märchen immer wieder hören.

Zwei Jahre nach seinem Tod erfuhren wir, daß der Vater in den letzten Kriegstagen gefallen war. Ein Mitsoldat brachte die Soldkarte. Ein Loch war darin. Dem Vater sei durchs Herz geschossen worden. Durch die Soldkarte hindurch. Als meine Mutter mir vom Tod meines Vaters erzählte, daß sie auf dem Stuhl am Fußende des Bettes. Auf diesem Stuhl legte ich immer die Kleider ab, man saß nie darauf. Es war ungewohnt, daß meine Mutter sich hier hinsetzte. Sie weinte. Nie zuvor hatte ich sie weinen gesehen. Die Gewißheit des Todes fand ich schlimm und wünschte mir, der Vater sei noch immer vermißt.

Das Feldbett, das zwischen Fenster und Waschbecken stand, war hart. Das Zimmer kühl. Der Wasserhahn tropfte. Ich konnte nicht einschlafen. Ich hatte Angst und überlegte, wie es sei, tot zu sein. Ich hielt den Atem an. Ich probierte aus, wie es ist, wenn man nichts mehr hört und sieht. Ich versuchte zu fühlen, wie es ist, wenn man nichts fühlt und dabei spürte ich, wie unverändert ich blieb, wie die Angst immer stärker wurde. Ich würde vielleicht, wenn ich einschliefe, nie wieder aufwachen. Totsein ist wie schlafen, hatte sie gesagt.

Mein Bruder und ich gingen durch's Bahnhofsviertel, vorbei am ausgebrannten Schumanntheater, dem Bahnhof gegenüber. Die Brücken über den Main waren zerstört, es gab aber eine Fähre.

Wir stellten uns zu den anderen Wartenden an das Wasser, um mit dem Fährboot nach Sachsenhausen überzusetzten. Der Fährmann hatte seinen Hut auf den Boden gelegt und jeder warf einen Groschen hinein, einen Groschen, den wir uns zuvor von Ria erbettelt hatten. Es waren viele Groschen in dem Hut. Damals beschloß ich, Fährfrau zu werden. Ich wollte sechs Kinder haben und keinen Mann. Als Fährfrau würde ich meine Kinder ernähren können.

Es war windig auf dem Wasser und meine Ohren schmerzten, als wir auf der anderen Seite des Mains ankamen. Das Haus fanden wir bald. Im Vorgarten standen die Büsche mit roten Beeren und Stacheln am Rand der Blätter. Ein Teil der Fassade des Hauses und der Treppenaufgang waren erhalten. Die Haustür stand angelehnt. Wir gingen hinein. Wir waren es gewöhnt, in Trümmern herumzusteigen, in fremden, geheimnisvollen, zerstörten Räumen mit herausgebrochenen Zwischendecken, wo die Tapeten lose herabhingen, schwer von Mörtelklumpen. Vorsichtig stiegen wir die Treppe hinauf, erschraken, wenn Schutt und Steine ins Rollen kamen, kletterten aber, mit jedem Fuß Halt suchend, weiter. Im ersten Stock des Hauses das Badezimmer des Großvaters, die Wanne, eine gekachelte Versenkung im Raum. Zwei Stufen führten hinab. Es gab sie noch, fast unversehrt. Manchmal haben wir in dieser riesigen Wanne baden dürfen, in der mir das Wasser bis zum Kinn ging. Die Wasserhähne saßen noch fest in der Wand. Die Kommode stand nicht mehr da. Damals hatte der Vater mich hinaufgestellt auf die Kommode, so war ich, die kaum Dreijährige, größer als er und sah auf ihn hinab. Mit Waschspiritus hat er mich abgewaschen, mich, die ich nackt vor ihm stand, die Haut, rauh und trocken, die juckte und brannte, weh tat bei jeder Berührung. Als der nasse kalte Wattebausch mir über Arme, Hände und Gesicht fuhr, tat es so weh, daß ich weinte und die Versprechungen des Vaters, davon würde die Haut bald besser werden, kaum hörte im eigenen Lärm.

Nun gab es hier nur noch Trümmer. Die Treppe hörte jäh auf, die Räume, in denen wir gewohnt hatten, gab es nicht mehr. Das bunte Glas des Treppenhausfensters, wenige heile Stücke, gaben ein warmes Licht.

Der kleine Garten hinter dem Haus war dämmrig dunkel wie eh und je, verwuchert, hohes Gras wuchs um den Stamm der Platane. Im Sandkasten einige wenige Sonnenstrahlen, Blätter auf dem Sand, der feucht war, zum Kuchenbacken geeignet. Der Pfirsichbaum des Nachbarn, die Zweige hingen über die Mauer, trug feste, saure Früchte. Die Zweige des Baumes waren weiter herabgewachsen oder ich größer geworden, jedenfalls konnte ich mir jetzt, ohne fremde Hilfe, einen Pfirsich pflücken. Hätten wir nicht vom Krieg gewußt, wäre alles gewesen wie früher. Mein Bruder turnte am Gestänge der schaukellosen Schaukel, ich saß auf dem Rand des Sandkastens, saß, wo ich früher die Kuchen gebacken hatte, wußte – neunjährig –, was Krieg war und daß wir hierher nicht mehr zurückkommen konnten. Als einige Jahre später hier ein Haus im Stil der fünfziger Jahre gebaut wurde, bin ich nie wieder dorthin gegangen. Ich weiß nicht, ob es die Platane noch gibt oder die Büsche im Vorgarten.

Wir lagen in unseren Übereinanderbetten, meine jüngere Schwester und ich. Sie unten, ich oben.

Die Geräusche aus dem Wohnzimmer drangen zu uns und durch den Türspalt ein Lichtschein vom Flur. Leise erzählten wir uns Geschichten. Was wäre, wenn ..., bis eine von uns einschlief.

Was wäre, wenn unser Vater plötzlich doch wieder nach Hause käme. Wie würde sich unser Leben verändern.

Was wäre, wenn wieder einmal jemand vergessen hätte, die Haustür zu schließen, er hereinspazierte und von Zimmer zu Zimmer ginge, durch die Wohnung, die er für uns angemietet hatte und die er kannte.

In der Diele hing ein großes Foto von ihm. Ich habe es oft betrachtet und versucht, ihn zu erkennen. Er sah dort ganz anders aus als in meiner Erinnerung.

Er würde in unserem Zimmer stehen, sich umsehen, froh, uns zu sehen. Morgen müßten wir nicht zur Schule gehen, wo wir übermorgen erzählen könnten, unser Vater sei wiedergekommen.

Warum war er überhaupt in den Krieg gegangen. Warum hatte er sich nicht versteckt. Damals, in der Forsthausstraße, in der Speisekammer hinter dem Regal, hatte mich auch nie jemand gefunden – oder doch? So genau konnte ich mich nicht erinnern.

Hatte er weggehen müssen, wie die Mutter sagte. Er war doch erwachsen, da konnte er doch tun, was er wollte. Warum also war er gegangen.

Meine älteste Schwester besaß ein Fahrrad. Ich wollte unbedingt auch eines haben. Aber erst einmal lernte ich, darauf zu fahren. Ich stand auf den Pedalen, mein Bruder schob mich durch die Schwindstraße und beim Treten schwankte das Rad von der einen auf die andere Seite. Er rief, ich solle gerade fahren, schneller treten. Ich hatte große Angst und war froh, als ich die Balance ohne seine Hilfe halten konnte.

Mit zehn Jahren bekam ich ein Fahrrad zu Geburtstag geschenkt. Auf dem Sattel konnte ich sitzen und auf dem Gepäckträger transportieren, was ich wollte. Sogar das gesammelte Altpapier, das ich beim Altwarenhändler verkaufte, für dreieinhalb Pfennig das Kilo. Mit diesem Fahrrad konnte ich durch's Westend fahren, freihändig oder die Füße auf der Lenkstange, oder, mit Schwung bergab.

In der Schumannstraße gab es ein großes Trümmergrundstück. Niemand außer mir wußte, wie viele Blumen hier auf Trümmerwegen und Hügeln wuchsen. Wenn ich auf dem zerbrochenen Fenstersims saß, der wie eine Bank unter dem Jasminbusch lag, war ich von der Straße her nicht zu sehen. Still war es hier und warm, der Jasmin duftete und immer nahm ich einen Zweig mit nach Hause. Lange Nachmittage habe ich hier verbracht.

Was wäre, wenn sich herausstellte, alles ist ein Irrtum gewesen. Dem Vater ist nicht ins Herz geschossen worden. In dem Moment, da die Kugel geflogen kam, hat er die Soldkarte aus der Tasche gezogen und sie hochgehalten, weil ihn die Sonne blendte. Da ist die Kugel hineingefahren und er unversehrt geblieben. Dann sei er in Deckung gegangen, habe sich flach auf den Boden des Grabens gelegt. Lange Zeit habe er sich dort versteckt gehalten und sei erst herausgekommen, als kein Feind mehr in Sicht war.

Vielleicht saß mein Vater noch immer in seinem Versteck und wußte gar nicht, daß der Krieg aus war.

Was wäre, wenn der Vater sein Gedächtnis verloren und deshalb den Heimweg nicht gefunden hätte. Wenn er umherirrte in der Welt, auf der Suche nach uns, vielleicht ganz in der Nähe, nur einen kleinen Hinweis benötigte, einen Hinweis, den ich ihm geben könnte.

Endlos groß wünschte ich mir den Grüneburgpark, durch den ich gerne radelte. Ich fuhr nur die schmalen Verbindungswege, um an keiner Stelle an die Grenzen des des Parks zu kommen. So konnte ich glauben, es gäbe diese Grenzen nicht. An einem Herbsttag radelte ich zwischen den Bäumen hindurch, farbige Blätter lagen auf den Wegen, Blätter, die ich mit herabhängenden Füßen vor mir herschob. Auf der Bank unter der Buche sah ich einen Mann sitzen; Ich erkannte ihn sofort als meinen Vater. Die schmalen Hände auf den Knien schaute er vor sich hin. Ich ließ mein Fahrrad fallen und lief auf ihn zu. Er sah mich nicht, sah aber den Armreif an meiner linken Hand. Von einer Afrikaexpedition hatte er einmal jeder seiner drei Töchter einen Messingarmreif mitgebracht. Daran erkannte er mich. In diesem Augenblick erinnerte er sich, daß er sein Gedächtnis verloren hatte. Er stand auf und kam zu mir. Lang und hager, in seiner grünen Uniform und mit dem grünen Schiffchen auf dem Kopf, ging mein Vater neben mir her. Der Weg nach Hause war nicht weit.

Was wäre, wenn ich den Vater nach Hause zurückbringen könnte. Ich stellte mir vor, wie froh alle sein würden und dankbar.

Später, viele Jahre danach, bin ich oft im Grüneburgpark spazierengegangen. Die Bank unter der Buche steht immer noch da.

Heide Platen
Alles wird begreifbar

Das kleine Mädchen rutscht von der Fensterbank der Mansarde herunter, zurück ins Zimmer. Es zieht mit einem entschlossenen Ruck die braunen Wollstrümpfe hoch und schiebt die oben daran festgenähten Knöpfe, die aussehen wie breune Schlüsselchen, ein Loch höher durch das gesteppte Strumpfband. Es geht um sein weißes Gitterbett herum zum Sofa. „Oma", sagt es zu der alten dicken Frau, die immer wund ist unter den Hängebrüsten und streng riecht, „erzähl mir von vorm Krieg".

Oma erzählt gern „von vorm Krieg", dem Haus, „das hat der Vati vom Juden gekauft", vom großen Garten am Ufer des Saarower Sees, vom Segelboot. Und am allerliebsten erzählt sie „vom Geschäft": Uhren und Goldwaren, von glitzerndem Schmuck, von Festen und Bällen. Von Kleidern ist da dir Rede, von Hüten und Bändern, Schuten und Seide. Das Mädchen stellt sich das alles vor. Seine Mama, Omas Tochter, in perlgrau oder dunkelgrün, Pelze und Federn. Zu jedem Kleid hatte die Mama die Passenden Handschuhe und Hüte.

„Vorm Krieg" gab es einen gütig lächelnden Großvater. Weißhaarig denkt ihn sich das Mädchen. „Oma, was für Haare hatte der Opa?" „Vati hatte eine Glatze." Auch gut. Nach „Vati" sucht der Suchdienst. „Ganz zuletzt", erzählt Oma, „ist der Vati noch mit dem Volkssturm rausgegangen." Da war aber schon Krieg?" Ja, Kind, da war schon Krieg. „Sei still, der Suchdienst ..." Die Radio-Stimme sucht den „Vati".

Oma, erzähl mir vom Krieg, hatte das Mädchen auch gefordert. Da gibt es nichts zu erzählen, sagt die alte Frau, sagt auch die junge Frau, die Mama, die den ganzen Tag als Verkäuferin bei Wollwort arbeitet, Wuulworß sagt die feine Mama. Nur der Papa erzählt manchmal vom Krieg, zeigt Bilder, auf denen er viel jünger aussieht, lacht, eine Mütze frech über dem Ohr hat. Manchmal sind Erwachsene zu Besuch da, die lachen und trinken und Erzählen Flieger-Latein. Wie der Papa mal durch den Brenner-Tunnel geflogen ist. Das kleine Mädchen sitzt ganz still, damit es nicht weggeschickt wird.

KRIEG. Krieg, lernt das kleine Mädchen, ist schuld daran, daß es solche Kleider hat – keine wie die Mama früher –: angestrickt am Saum und am Bündchen, umgearbeitet, ausgelassen, eingestzt an der Taille, die Kleider wachsen mit. Der Krieg, lernt das Kind, ist schuld daran, daß es solche Schuhe tragen muß: aus einem Paket von Verwandten in der Ostzone, cognacfarbene Schuhe mit weißen Laschen. Krieg ist schuld daran, daß es keinen Hund bekommt wie Mama einen hatte, „vor dem Krieg“.

Der Krieg ist schuld daran, daß Papa so oft Kopfweh hat und dann alle ganz still sein müssen. Der Flieger-Papa hat eine dicke rote Narbe auf der Stirn. Nie wird das Mädchen den netten blonden Bruder vom Papa kenenlernen. Onkel Albert „ist im Krieg geblieben”, verschollen.

KRIEG ist daran schuld, daß es zu Weihnachten statt des ersehnten Kaufladens nur einen kleinen bunten Marktstand gibt. Krieg ist überhaupt schuld an allem. Das muß das Kind doch einsehen, sagt die Mama. Vernünftig reden, nennt sie das. „Laß uns mal vernünftig reden“, sagt sie und hockt sich zu dem Mädchen auf den Boden. „Sieh mal“, sagt sie, „durch den Krieg können wir uns das alles nicht leisten. Später vielleicht, wenn es uns einmal besser geht. . .“

Wenn es uns einmal besser geht! Dieser Satz der Hoffnung, auf eine unabsehbar lange Zeit aufgeschoben, ist immer wieder da. Wann? „Wenn ...“ Und versteh' doch, durch den Krieg...

Das kleine Mädchen denkt über den KRIEG nach. Der muß groß gewesen sein und schwarz. Wie ein dicker, dunkler Felsblock ist er auf das schöne Haus von Mamas Eltern gefallen: „Ausgeraubt und abgebrannt!“ „Oma, erzähl mir vom Krieg!“ Oma erzählt aber lieber „von vorm Krieg“.

Das Mädchen wächst auf in einer Retortenstadt. Saubere, breite Straßen, überall neue Häuser, neue Stadtviertel, Kindergärten, ein Glas- und Beton-Krankenhaus, weite Anlagen. Das erste Schuljahr noch in einer Baracke, die nächsten in der neuen Schule auf dem Hügel über einem Teich voller Schwäne.

Was ist Krieg? Wohl eher ein Gott. So einer, wie ihn die acht Jahre ältere Freindin hat. Die erzählt dem kleinen Mädchen auch Märchen. Die geht mit ihm heimlich in die katholische Kirche und raunt ihm Geschichten von Gott und Schuld und Sühne und Vergebung ins Ohr. Die Nachbarn raunen auch. Die Freundin, sagen sie, sei das heimliche Kind des katholischen Priesters, der die Putzfrau verführt habe. Das erzählt die dicke Frau Klein, die wohnt einen Stock tiefer. Frau Klein weiß auch etwas vom Krieg. „Da habe ich meinen Mann verloren.“ Frau Grimm im Erdgeschoß weiß es besser. Der Herr Klein, sagt sie zur Nachbarin Frau Schwarz, ist von betrunkenen Polen auf der Straße erschlagen worden. „Und das war nach dem Krieg.“ Warum, weiß niemand. Der war Blockwart, vermutet Frau Grimm. Was ist das? Ach geh'! Hört sich an wie Blockschokolade, die gibt es bei Thams & Garfs.

Die Oma leidet, die Oma hat Launen, die Oma

hat Kopfweh. Das hat sie, erfährt das kleine Mädchen, „aus der Gefangenschaft“. Woher? Ja, die Oma war doch „in Gefangenschaft, beim Russen“. Böse Menschen haben sie denunziert. Schuld ist der Krieg, sonst wäre alles ganz anders gekommen. Die Mama hat Gelbsucht, Nierenbeckenentzündung, Kopfweh. „Wir haben doch im Krieg nichts zu essen gehabt.“ Das hat ihrer Gesundheit geschadet. Der Papa hat Kopfweh und verdient nur wenig Geld als Hilfsarbeiter: „Der mußte doch nach der Schule gleich in den Krieg.“

Manchmal kommen Männer und Frauen zu Besuch. Da werden Lieder gesungen. Das kleine Mädchen lernt, daß die Lieder verboten sind, daß das nichts für Kinder ist, daß es spielen gehen soll. Auf dem Wagen, der die Mehlsäcke bei Thams & Garfs anliefert, erschlagen die Fahrer Mäuse mit der Schippe. Das kleine Mädchen spielt mit seiner Freundin „Mäuse begraben“. Ein unheimlicher Friedhof im Gebüsch, mit kleinen Kreuzen und Blumen.

Ab und zu erzählt die Oma von „ganz früher“. Da habe es Saalschlachten gegeben, mit den „anderen“. Der Großvater sei ins Gefängnis gesperrt worden. Oma hat ihm unterm Rock einen „Kassiber“ gebracht. Kassiber? Was ist das? Ein Zettel, wo was Verbotenes draufstent. Aha.

Das kleine Mädchen sitzt auf der Fensterbank und hält abwechselnd einen silbergefaßten Aquamarin, eine kleine durchscheinende Vase mit silbernen Streifen und einen Amethystring gegen das Sonnenlicht. Blinzeln, die Augen bis auf einen schmalen Schlitz zukneifen. Dann schimmert das Licht in allen Regenbogenfarben durch die Steine. „Bist di schon wieder an Muttis Schmuck?“ fragt die Oma. „Muttis Schmuck“, ein paar Anhänger und Ringe, die sie „auf der Flucht“ vor irgend etwas oder irgendwem, der ihr alles wegnehmen wollte, gerettet hat, eingenäht in den Saum des Mantels. Das ist „von vorm Krieg“, aus der Märchenzeit, das glitzert und blinkt. Das kleine Mädchen träumt sich weg.

Irgendwann beschwört es den Krieg. Nicht auf die Striche der Pflastersteine treten, nie die unterste Treppenstufe berühren. Der Zwang bekommt Macht über das Mädchen. Was die Rechte Hand tut, das muß auch die linke tun. Dies nicht anfassen, nie, und dieses unbedingt zweimal berühren. Beim Essen: die rechte Hand hat das Messer berührt, also muß es die linke auch tun. Die linke Hand hat nach Rechts gegriffen, also muß die rechte Hand nach links, sonst wird etwas ganz Schreckliches passieren. „Kind, was hast du?“ fragt die Mutter. „Ach nichts.“

Aufwachen. „Es wird alles wieder gut“, sagt die Mama, „ du warst so krank.“ jeden Tag kommt die Nervenärztin mit einer großen Spritze. Sie bringt ihren Schäferhund mit. Wenn es klingelt, kriecht das Mädchen unters Bett.

Der Sohn vom Gemüsehändler besucht das kranke Kind. Im Flur, zwischen den Mänteln, drückt er ihr einen festen Kuß auf die Wange und rennt weg. Das Mädchen beendet die Freundschaft.

Die Schulfreundinnen wachsen, werden lang und dünn. Das Mädchen bleibt klein. Die Kinder in der Stadt sprechen keinen Dialekt. Fast alle sind Flüchtlingskinder, kaum Einheimische leben in der Stadt, die haben die Architekten Hitlers auf's Reißbrett gezeichnet. Das Volkswagenwerk ist „das Werk“ oder „unser Werk“. Der Onkel bestellte „im Krieg“ noch einen KdF-Wagen, den hat er „durch den Krieg“ nicht mehr bekommen. Der Onkel ist der große Bruder von Mama, der ist erst 1951 „aus Russland wiedergekommen.“

Das Mädchen will mehr wissen, es sucht und weiß nicht was. Heimlich schaut es in die Nachttischschubladen vom Papa. Da liegt ein Illustrierten-Foto von einer nackten Frau. Und so seltsame kleine Gummibeutel. Darunter zusammengefaltetes, dünnes Papier, an den Kanten durchgescheuert. Darauf steht: „Unsere Fahne flattert uns voran, in die Zukunft ziehn wir Mann für Mann" und „Einst wird der Erdball erbeben, erzittern das Menschengeschlecht, wenn sich die Germanen erheben zum Kampfe für Freiheit und Recht". Vorsichtig zurücklegen, das Mädchen hat eine Gänsehaut und weiß nicht warum. Im „Großen Ärztebuch" sind ein nackter Mann und eine nackte Frau abgebildet. Man kann sie aufklappen. Erst kommen die Muskeln, nach der nächsten Klappe die Adern, dann die Nerven.

In der Schule ist Aufklärungsunterricht angekündigt. „Da gehst du hin", sagt die Mama energisch. Das Mädchen will nicht. Die Kirche ist schneller als die Schule. „Jeetzt wird hier aufgeklärt", verkündet Fräulein Pennig im Vorkonfirmantenunterricht.

Danach geht das Mädchen mit der „besten Freundin" Hand in Hand die Straße entlang. „Glaubst du", fragt die Freundin, „ daß unsere Eltern das auch machen?" Das Mädchen schiebt die Freundin ein Stück weit fort und mustert sie geringschätzig. „Das müssen sie doch, die Schweine", sagt das Mädchen voller Verachtung. Und gewichtig: „Unsere machen das auch." „Meinst du, heute auch noch?" Wer weiß!

Das Foto der nackten Frau, die unheimlichen Lieder im Nachttisch fallen dem Mädchen ein. „Darum schließen die manchmal abends das Schlafzimmer ab!" Sonntags morgens steht Oma, die noch immer mit dem Mädchen zusammen im Zimmer nebenan schläft, manchmal sehr früh auf, rüttelt an der

Klinke der Schlafzimmertür und ruft anklagend: „Wollt ihr denn heute gar nicht früüühstücken kommen?" Das Mädchen schlägt sich kurzfristig auf die Seite der immer nörgelnden Großmutter. Aber wofür sind die kleinen Gummibeutel?

Die Großmutter hat ein blaues Heftchen. Darin notiert sie Einnahmen und Ausgaben. „Da hab' ich dir gegeben drei Mark, da hab' ich dir gekauft ein Hemd, das hat gemacht vierfünfzig. Und jetzt bist du sooo frech zu mir!" dringt ihre Stimme aus der Küche. Die Oma ist, das weiß das Mädchen inzwischen von Verwandten, das uneheliche Kind eines Berliner Dienstmädchens. Der schöne Sohn des Uhrmachermeisters hat sich in ihre Beine verguckt und sie tatsächlich geheiratet. „Der Vati war", sagt auch die Mama, „viel zu gut für die Oma."

In der Schule ist ein Kino-Besuch angekündigt. Alle siebenten Klassen sollen am Vormittag in den Delphin-Palast gehen. Dorthin, wo „Rosenresli" und „Connie und Peter" zu sehen sind. Der Deutsch- und Geschichtslehrer führt die Klasse, er ist jung, deutsch und national.

Die Kinder sitzen in den Kino-Sesseln. Der Vorhang geht auf, das Entsetzen beginnt. Ausgemergelte Leichen, Arme, Beine, Knochenberge, Gruben mit ungezählten Toten, Bomben zerfetzte Leiber, schreiende Menschen. Ein Kommentator erzählt vom Krieg, von Auschwitz und Buchenwald, von Bergen-Belsen und Treblinka, von Maidanek und Dresden. Das Mädchen weint und weint und weint. Das hatte es in der Schule nicht gelernt. Das ist also der Krieg, und die Deutschen haben ihn angefangen. Die Deutschen?

Das Mädchen geht nach Hause. Die Eltern machen nicht nur Schweinereien im Schlafzimmer. Die waren dabei, beim Krieg, die Oma auch, und der

Opa aus der Märchenzeit von „vorm Krieg“: „Ihr wart das!“ schreit es die Mutter an, „Ihr!“ Der Großvater war Ratsherr der NSDAP, die Oma Ortsfrauenschaftsleiterin, der Onkel war bei der SS, die Mutter beim BDM. Der Krieg hat Gesichter bekommen.

Das Mädchen erinnert sich. Alles wird begreifbar. Die Weidenrute auf dem Badezimmerschrank, das Kommando von Papa: „Hosen runter!“ Sein feuchtgemachter Zeigefinger auf der staubigen Schrankkante: „Nicht sauber!“ Der wilde, fremde Zorn, mit der er den Kleiderschrank inspiziert, immer wirft er alle Kleider auf den Boden. Die Ohrfeigen von Mama rechts und links ins Gesicht. Dabei fällt ihr der Türkisstein aus einem ihrer schönen Ringe. Papas Nyltest-Hemden waschen, vor allem am Kragen, mit Rei aus der Tube. Schuhe für die ganze Familie putzen. Oma hat einen Ballen und einen Hammerzeh. „Putz die Schuhe“,sagt Papa, „vorher gehst du nicht spielen!“ Sie spielt längst nicht mehr. Im Gebüsch sagt sie, hat sie den Nachbarsjungen geküßt und ihm erzählt: „Ich bin schon vierzehn.“

Hubert Winkels

Traum des Siegers

Die Frau zwischen den Zähnen
Stöhnt er
Erbarmen
Tötet die Opfer
Sie quälen die Täter
Zersiebt
In der Luft noch
Liegen sie
Dauer und Masse macht
Tonnen per anno
Auf Atemwegen
Warten auf Worte
Überfall rückwärts
Eintracht sprich Sieg

Zerfetzt vom Frieden
Schläft er den Schlaf
Des heillos Geheilten

Inga Buhmann
Reise nach Leningrad

Endlich – im September 1981 – fuhr ich zu einem dreiwöchigen Sprachkurs nach Leningrad. Bis zum letzten Moment hatte ich befürchtet, kein Visum zu erhalten, doch es klappte. Jetzt sollte ich das Land kennenlernen, von dem ich seit meiner Kindheit geträumt hatte. „Die Russen kommen!“ riefen meine Brüder, und ich lief mit wackligen Beinen ins Haus zurück – die Russen: das war so etwas wie der Butzemann, der Buhmann, der böse Mann. Ich hatte damals gerade laufen gelernt, und meine beiden Brüder, die ein paar Jahre älter waren als ich, lachten über meine Angst.

Dann kamen die Russen wirklich. Sie waren plötzlich da – vielleicht waren es dreißig oder vierzig – und lebten auf dem Hof in einem kleinen Haus, das mit einem hohen Stacheldraht eingezäunt wurde. Als ich beim Spielen einmal dagegenlief, riß ich mir Arme und Hände blutig auf. Meine Großmutter, mit der ich im Alten Haus zusammen wohnte, betreute das Lager. Niemand sonst – selbst der Verwalter nicht – wagte, es zu betreten. Meine Großmutter war für die Verpflegung zuständig und kochte für alle. Auf den umliegenden Höfen gab es manchmal Aufstände der Zwangsarbeiter. Auf einem Gut, das sechs Kilometer entfernt lag, brachen die Gefangenen eines Tages in das Herrenhaus ein und wollten den Gutsbesitzer töten. Er stand oben auf der Treppe und warf mit abgeschlagenen Flaschenhülsen nach ihnen. So erzählte er uns die Geschichte. Von den anderen hörte ich, daß er die Gefangenen besonders brutal behandelt und oft mit der Peitsche geschlagen haben soll.

Abends luden die Russen meine Großmutter ein, um mit ihr zu tanzen. Ich durfte sogar spät nachts mitkommen und wurde von den Männern beim Tanzen auf den Armen getragen und liebkost. Sie sangen wunderschöne Lieder. Meine Großmutter war zeitlebens eine einfache Bäuerin gewesen. Sie galt als roh und primitiv und wurde in der neuen Umgebung ihres feineren Schwiegersohnes, einem Großbauern, wenig anerkannt. So schloß sie sich ganz den Russen an, und diese genossen mit ihr vielleicht ein Moment vertrauter Wärme. Ich erinnerte die Gefangenen an ihre in Rußland zurückgebliebenen Kinder. So hatten noch nie Erwachsene mit mir gespielt. Gab es Alarm, kamen sie auch mitten in der Nacht in das Zimmer meiner Großmutter und brachten mich in den Luftschutzkeller. Meine Großmutter lehnte es ab, in den kleinen Luftschutzkeller zu gehen und hatte auch keine Angst um mich. Als die Russen auf einem offenen Ackerwagen abtransportiert wurden, weinten sie, und meine Großmutter, neben der ich im Garten stand, um zu winken, weinte auch.

Als ich achtzehn Jahre alt war, erfuhr ich durch meinen französischen Freund, daß nur dreißig Kilometer entfernt von uns ein berüchtigtes Konzentrationslager gewesen war, Bergen-Belsen. Wir besuchten zusammen die Gedenkstätte. Nie hatte jemand zu Hause, in der Schule oder in der näheren Umgebung davon gesprochen – ein Franzose mußte es mir erzählen – das war 1958.

Als ich das erste Mal ernsthaft von zu Hause weg wollte – ich war schon einundzwanzig und studierte – wollte ich nach Rußland fliehen. Mit der Sowjetunion hatte das wenig zu tun. Es war ein kindlicher Traum, eine Sehnsucht. Ich war schon ganz in der Nähe des Inari-Sees an der finnisch-russischen

Grenze in Lappland, doch da verließ mich der Mut und ich kehrte lieber um. In persönlichen Krisenzeiten fange ich jedesmal wieder an, Russisch zu lernen und höre auf, sobald es mir besser geht. Das letzte Mal war es so nach dem Herbst 1977.

Jetzt gilt mein eigentliches Interesse der russischen Literatur: Alexander Blok, Jessenin, Marina Zwetajewa, Anna Achmatowa, Mandelstamm, Majakowski, Isaak Babel, Pilnjak, Samjatin. Einer Literatur, die revolutionäres Engagement mit avantgardistischem Formwillen vereinigt, etwas, was es geschichtlich selten gegeben hat. Einige dieser Autoren verschwanden in den Stalinschen Lagern wie Mandelstamm und Babel, andere nahmen sich das Leben. Das alles kreiste in mir, als ich mit der Reisegruppe nach Leningrad flog. Mein Russisch hatte ich im Puschkin-Institut in Bochum, das von der Sowjetunion mit Lehrern beschickt wird, in mehreren Kursen vervollständigt. Einem perfekten Drillinstitut mit Intensivkursen, das fast alle westdeutschen Studenten neben ihrem Studium besuchen, um ihr Examen an der Universität oder in einem Dolmetscherinstitut bestehen zu können, außerdem auch Leute aus der Wirtschaft und dem diplomatischen Dienst, die in der Sowjetunion zu tun haben.

Leningrad – das war wie ein Spaziergang durch ein riesiges Museum, in dem die geschichtlichen Epochen zweier turbulenter Jahrhunderte nebeneinander aufgebahrt waren. Die restaurierten pompösen Zarenpaläste mit ihren übersteigerten und oft geschmacklosen, dann aber wieder durch Übermaß faszinierenden Kunstwerken, wie zum Beispiel ein ganzes Zimmer aus Bernstein (Friedrich der Große schickte der Zarin wertvolles verarbeitetes Bernstein und erhielt im Austausch dafür von der Zarin starke Männer für seine Armee). Die Hinterhöfe aus Dostojewskis Romanen: das Haus am Heumarkt, in dem Raskolnikoff seine Wirtin in „Schuld und Sühne“ ermordet. Drei oder vier Hinterhöfe, einer hinter dem anderen, mit idealen Fluchtmöglichkeiten zur nächsten größeren Straße wie in Belyis „Petersburg“, einem Roman über die revolutionäre Bewegung um 1905. Bis heute kann dieses Buch in der Sowjetunion nur von Ausländern in den Berijoskas gekauft werden, wie viele andere Bücher russischer Autoren, die ich schätze. Für Sowjetrussen sind sie nicht erhältlich. Nur Auserwählte können sie in Bibliotheken einsehen.

Ich wollte mir einen Film über Alexander Blok ansehen. Er war im Kino ganz in der Nähe des Hotels angekündigt. Erst nach mehrmaligem Nachfragen erfuhr ich von der Kassiererin, daß der Film leider abgesetzt sei. Der Regisseur sei ein Pole. Das war kurz nach der Liquidierung der Solidarnosc. Ich konnte der Frau anmerken, daß sie ebenfalls über die Absetzung des Films traurig war.

Im Alexander-Blok-Museum war ich an einem Sonntagmorgen der einzige Gast. Eine ungewohnte Situation, da sonst in allen Museen Schlangen von Touristen standen. Die Museumswärterin zeigte mir, wo Alexander Blok, wo seine Frau Ljubow und wo seine Mutter geschlafen hatten. Der Samowar stand noch auf dem Tisch. Die Frau sprach vom Frieden, ja, sie bat mich plötzlich, etwas für die Erhaltung des Friedens zu tun und drückte mir flehentlich die Hände. Dann erzählte sie mir, daß im Augenblick bei sieben Grad Außentemperatur ohne Heizung über die Hälfte aller Leningrader Kinder krank seien. Auch bei uns im Hotel wurde noch nicht geheizt. Ich war erleichtert, daß nicht nur ich so empfindlich war. Bis dahin dachte ich: was für ein abgehärtetes Volk –

und wie verwöhnt bin ich dagegen! Auf dem Rückweg zum Hotel kaufte ich mir in einem kleinen Weinladen, der auch sonntags geöffnet hatte, bei starkem Andrang drei Flaschen grusinischen Wein: Alkohol, das beste Mittel gegen Kälte und Erkältung.

Hotel Astoria: Spiegelsäle, verschlissene Samtteppiche auf den Marmortreppen, alte schwere Lüster an der Decke, zusammengestückeltes Mobiliar in den Zimmern. Vornehme und normale Touristen aus den westlichen Ländern übernachten in den riesigen Hotelneubauten. Hier, im Hotel Astoria, bei weniger Komfort, werden die anderen untergebracht. Viele kommen in Reisegruppen aus sozialistischen Ländern. Die Finnen fahren mal kurz über die Grenze, um sich mit billigem Alkohol vollaufen zu lassen. Dann gibt es noch ein paar Reisegruppen aus dem Westen und die Sprachgruppen. Dieses Hotel hatte Hitler für die Feiern nach dem Sieg über die Sowjetunion vorgesehen. Und jetzt waren wir hier als deutsche Touristen! Früher, im Herbst und Winter 1917, lebten im Hotel Astoria viele der Ausländer, die sich an den revolutionären Ereignissen beteiligten. Auch Emma Goldmann und Alexander Berkmann hatten hier 1919 gewohnt. Da hieß Petersburg schon Petrograd. Im Nachbargebäude, dem ehemaligen Hotel d'Angleterre, hat Jessenin sich das Leben genommen. In der Hotelhalle sah ich die Pferde wieder, die mein Onkel meinen Eltern zur Hochzeit schenkte: sie konnten zwischen einem Kühlschrank, einer lebendigen Kuh und eben diesen Pferden aus Bronze wählen – das war 1935. Hier waren die Pferde silbern, zu Hause waren sie schwarz, eine Stute und ein lüsterner Hengst, der sie beschnuppert. Als Kind hatte ich oft heimlich ihre Geschlechtsteile angeschaut und befühlt. Zwie mächtig schöne Pferde, vielleicht zwanzig Zentimeter hoch, und ganz realistisch. Es waren tatsächlich die gleichen. Wo kommen sie ursprünglich her?

Zu unserem Programm gehörte, daß wir die Peter-und-Pauls-Festung besichtigten. Als wir bei der Zelle angekommen waren, in der Vera Figner gefangen gehalten worden war, betonten einige aus unserer Gruppe, wie gut es doch diese Frau, eine Terroristin, gehabt hätte: eine so große Zelle und sogar hoch oben ein Fenster. Sie äußerten Unverständnis darüber, daß so eine Frau mit einer Ehrenplakette bedacht wird. Ich fragte mich, ob später einmal die Zellen der Stammheimer RAF-Häftlinge genauso als Sehenswürdigkeit angeschaut werden würden. Vielleicht ein Jahrhundert später? Ich bat unsere russische Begleiterin, auch die Schlüsselburg besichtigen zu dürfen, die Festung, in der die Gefangenen lebenslang festgehalten worden waren und in der Vera Figner zwanzig Jahre eingekerkert war. Ich fand auch die notwendigen drei weiteren Interessierten für mein Vorhaben. Im Hotel wurden wir Tag für Tag mit neuen Begründungen vertröstet, bis die Zeit um war. Doch am letzten Tag vor unserer Heimreise schenkte mir die russische Reisebegleiterin ein Buch über die Schlüsselburg in Russisch.

Wir besuchten den Piskarwoski-Friedhof. Unter länglichen Hügeln liegen mehr als fünfhunderttausend Tote, die Hälfte aller, die während des Zweiten Weltkriegs in Leningrad umkamen. Sechshunderttausend allein starben während der neunhundert Tage andauernden Blockade der Deutschen an Hunger. Die Stadt war mehr als zweieinhalb Jahre von fast jeglicher Zufuhr von Nahrungsmitteln und Medikamenten abgeschnitten. Nur in kühnsten Unternehmungen konnte im Winter einiges über den gefrorenen Ladago-See herbeigeschafft werden. Auf dem gleichen Weg gelang es auch, eine gewisse Anzahl von Kranken und Kindern zu evakuieren. Unsere russische Begleiterin erzählte uns, daß die Frauen den Hunger besser ertragen hätten als die Männer, die oft wahnsinnig geworden seien und den Kindern das Essen mit Gewalt weggenommen hätten. Durch ihre Erzählungen dringt der Stolz der Leningrader durch, daß sie trotz des unvorstellbaren Leidens und all dieser unmenschlichen Härte der Lebensbedingungen den Deutschen so lange widerstanden hatten, bis diese schließlich am 27. Januar 1944 die Blockade aufgeben mußten. An diesem Tag strömen jährlich von weit her die Menschen zu dem Friedhof, um auf die Grabhügel frische Blumen zu legen. Es gibt kaum eine Familie in der Stadt, in der nicht mehrere Menschen während dieser Zeit gestorben sind.

Als ich auf dem Rückweg vom Friedhof unserem deutschen Reisebegleiter, einem Studenten, der mehrere Jahre in Polen studiert hatte, erzählte, daß ich seit der Begegnung mit den russischen Zwangsarbeitern Sehnsucht nach diesem Land hätte und daß ich gerne wissen würde, was aus ihnen geworden sei, sagte er mir, daß sie, falls sie es geschafft hätten, in die Sowjetunion zurückzukehren, dort mit Sicherheit in den stalinistischen Lagern umgekommen seien. Stalin habe alle, die aus Deutschland zurückgekehrt seien, für Verräter gehalten.

Erst seit letztem Jahr weiß ich, daß die Gefangenen mit großer Wahrscheinlichkeit in Bergen-Belsen ermordet wurden.

Hubert Winkels
Schließt die Augen

Schlag null
Fallen die Lider zu
Nur schwere Türen
Haben Flügel
Hallen einwärts
Weit und Breit
Kein Mensch aus Versehen
Wie sonst
Soll der Mob
Das Gedächtnis entstehen
Du-meine-Zeit
Kommt er
Von hinter der Stirn
Die Leere vernehmen dir
In die rettende Dunkelheit sehen
Schlag null
Zieh die Augen von innen zu

Peggy Parnaß
Wie der Krieg ins Bewußtsein kam

Mein Bruder Bübchen und ich waren mit einem Kindertransport nach Schweden gekommen. Nach Stockholm. Sonst hätten die Nazis uns umgebracht. Mutti und Puddel waren als Juden, Ausländer und Linke, ein dreifaches Verbrechen, nach Polen ausgewiesen.

Da ging ich zum schwedischen König. Klein, aber frech. Ich fragte mich zum Schloß durch und landete schließlich bei des Königs Adjutant. Ich erzählte von meinen Eltern, von der Gefahr, in der sie schwebten und daß sie unbedingt nach Schweden zu uns kommen müßten. Ich wußte, daß ich viel besser Bescheid wußte als die Erwachsenen in Schweden. Jedes jüdische Kind wußte Bescheid, sobald es denken konnte. Im Schloß war mein Auftritt eine Sensation. Besonders, als den Leuten klar wurde, daß ich ganz auf eigene Faust mit meiner Bitte hingekommen war. Ich weinte und schrie und weigerte mich, wieder wegzugehen, bis man mir versprach, meinen Eltern ganz schnell zu helfen. Als ich nach Hause kam, wußte mein Vormund schon Bescheid. Er war fassungslos, weil ich ohne sein Wissen etwas erreicht hatte, wovon er, Schwede und Millionär, hoch angesehen, nicht mal zu träumen wagte.

Unsere Euphorie war kurz. Der Krieg brach aus. Nicht in Schweden. Aber für mich hautnah, weil deswegen alle Grenzen gesperrt wurden und niemand mehr, weder bürokratisch noch unbürokratisch, als Flüchtling ins Land konnte.

Nun wußte ich, ein für allemal, daß wir uns nie wiedersehen würden. Keine Hoffnung auf Mutter mehr. Zwölf Jahre keine Tränen von Stund an. Wie zugefroren und zugemauert.

Ich hatte schnell einige Freundinnen. Nur heimlich, denn die durften nicht mit Juden spielen. Aber das hatte wohl nichts mit dem Krieg zu tun.

Bübchen und ich wurden von Familie zu Familie geschoben. Nach vier Familien landete Bübchen im Waisenhaus und ich ohne ihn bei noch weiteren acht Familien. Dadurch lernte ich jeden Winkel Stockholms kennen und die Vororte. Besonders da, wo die Reichen wohnten, in den Villengegenden, gab es viele Nazis. Das hatte wohl auch nichts mit dem Krieg, aber mit Hitlers Rassenideologie zu tun. Groß und blond sollte man sein, und das waren ja viele in Schweden.

Nirgends lebte man besser als in Schweden. Doch auch dort wurde dem Krieg der andern Länder einiges zum Vorwurf gemacht. Vor allem, daß die drei Hauptsuchtmittel der Schweden sehr knapp wurden: Kaffee, Tabak und Alkohol. In Schweden tranken die meisten normalerweise bis zu zwölf Tassen starken Kaffee am Tag. Da konnte ich für eine Spur von Beliebtheit sorgen, indem ich auf meinen verzichtete. Ich weiß, daß die Erwachsenen anfingen, getrocknete Tee- und Beerenblätter zu rauchen. Und viele brannten ihren Kartoffelschnaps selber oder wichen mit katastrophalem Resultat auf Spiritus, Haarmittel und sonstwas aus.

Das Essen war immer gut. Vielleicht kam es mir auch nur so vor, weil wir als geldlose Juden in Hamburg hungern mußten. Mir schmeckte auch der Beefsteak-Ersatz: Rote Beete in Scheiben geschnitten, paniert und von beiden Seiten gebraten. Ich hab auch in Schweden gehungert, aber das war erst später, als ich, halbwüchsig, aus London zurückkam. Lange nach dem Krieg.

London spielte die ganzen Jahre eine Rolle für Bübchen und mich. Drohend im Hintergrund, mal weit weg, mal ganz nah dran. Unser Vormund wollte uns und die Kosten für uns loswerden. Er hatte gedacht, daß er höchstens sechs Wochen für uns sorgen müßte, und nun wurden es sechs Jahre. Er wollte uns immer zu unserem uncle Adi nach London abschieben. Wir wußten, daß da Bomben waren und wollten nicht hin. Obwohl uncle uns rührende Briefe schrieb.

Irgendwann war es dann soweit. Wir wurden in einem kleinen Kurierflugzeug, sehr hoch fliegend, wegen der Gefahr, nach Schottland und von da mit dem Zug nach London gebracht. Auf dem Bahnsteig wartete uncle mit flatternden, viel zu weiten, Hosen und schneeweißem Haar, das uns entgegenleuchtete. Seine Wohnung in Earl's Court war zur Hälfte weggebombt. Am nächsten Tag spielte ich auf der Straße und ging ein bißchen rum. Ganz alleine. Alles menschenleer. Ein Zischen war zu hören, ziemlich lange. Und so ein komisches Geheule. Ich wunderte mich, daß in einer so großen Stadt niemand am helllichten Tag zu sehen war.

Als ich nach Hause kam, waren alle außer sich vor Sorge. Sie erzählten mir, daß das die V 2 war und schimpften, weil ich nicht in einen Keller gelaufen war. Sie konnten gar nicht fassen, daß das absolut neu für mich war. Und ich hatte zum ersten Mal das Gefühl, gerade noch davongekommen zu sein. Obwohl wir ja schon lange gerade noch davongekommen waren.

Mein nächster Spaziergang war mit Bübchen und uncle in den Hyde-Park. Da standen viele und sahen sich ein tiefes Riesenloch an. Das war also die V 2, dachte ich, und mir wurde mulmig.

Inzwischen habe ich, im angeblich tiefsten Frieden, viele, viele Kriege erlebt. Wie damals, in Schweden, aus sicherer Ferne.

Dünn war er geworden, fand Lisa, so mager, die Haut so fahl. Nur die Nase hatte ihre Form behalten, schärfer noch als früher stach sie aus seinem Gesicht hervor, lief am Ende aus in diesen Knubbel, der sich langsam zu röten begann, immer wenn er erkältet war.

Ab und zu schluckte der Großvater, mahlte mit den Kiefern. Ein Rinnsal suppte vom Mundwinkel zum Kinn. Da nahm Lisa ihr Taschentuch, wischte ihm vorsichtig – er sollte nicht aufwachen – den Speichel ab, spürte seine Bartstoppeln durch ihr Tuch. Es ginge ihm nicht gut, hatte die Tante gesagt, nachdem sie Lisa die Tür geöffnet, sie erstaunt eingelassen, hinter ihrer Brille heraus gefragt hatte: „Willst du nach ihm sehen oder was treibt dich her?"

Ja, sie hatte recht, keiner der Familie hatte sich mehr um den Großvater gekümmert, seit sie damals weggezogen waren, die Eltern nicht, Thomas, Lisas Bruder, nicht, Lisa auch nicht. Auf irgendeine merkwürdige Art mieden sie einander.

Aber jetzt machte Lisa diese Unterrichtseinheit in ihrer Zehn und warum, hatte sie sich gedacht, sollte der Großvater ihren Schülern nicht erzählen, was gewesen war in diesem Kloster im Dorf von dreiunddreißig bis fünfundvierzig. Ihr war die Zeit fremd, erst nach dem Krieg war sie zur Welt gekommen, er aber hatte im Dorf gelebt.

Nie hatte Lisa sein Gesicht so nah gesehen, nie ihn so angeschaut. Jetzt waren die Adern auf seiner Nase geplatzt, zogen sich als dünnes rotes Geflecht bis zu den Wangenknochen.

Nie war hier geredet worden über diese Zeit von dreiunddreißig bis fünfundvierzig, alle, die in diesem

Haus gelebt und gearbeitet hatten, waren immer beschäftigt gewesen, und ihre Gespräche drehten sich um die nächsten Aufträge für den Malerbetrieb, die Kundschaft, bei der man gewesen war oder demnächst sein würde und ob es gelänge, die begonnenen Außenarbeiten abzuschließen bis zum ersten Frost.

Die Uhr neben dem Bett des Großvaters begann zu summen, aus dem Bauch heraus drohte sie mit dem Schlag. Hastig, überstürzt fast lief Lisa hinüber, hielt das Pendel an, sah ängstlich nach ihm. Nein, ruhig atmete er weiter.

Es mußte etwas geben aus dieser Zeit, Briefe, Fotoalben, vielleicht Notizen in seinen alten Auftragsbüchern. Ängstlich nach draußen horchend wühlte sie in seinem Schrank, wenn die anderen sie so hier fänden, in seinen Sachen hastend, während er drüben im Bett lag und schlief.

Nur Anzüge fand sie, Socken, Schuhe, Unterwäsche. Den Geruch nach Mottenkugeln. Sie ließ die Hand sinken – keinen Marzipanweihnachtsmann. Solange sie denken konnte hatte hier auf diesem Bord ein Marzipanweihnachtsmann gestanden. Ab und zu, wenn der Großvater gute Laune hatte, hatte er sie zu diesem Schrank geführt, sein Taschenmesser aufgeklappt, die Klinge an der Hose blankgewischt, hatte diesen Schrank geöffnet und einen Marzipanweihnachtsmann vom obersten Bord genommen. Gewöhnlich fehlte dem der Unterleib. Sorgfältig trennte der Großvater eine dünne Scheibe ab von ihm und reichte sie ihr, die Scheibe auf der Messerklinge balancierend. Lisa mußte sie auffangen in dem Moment, in dem sie zu fallen drohte, legte sie auf ihren flachen Handteller und betrachtete sie: Es war die Gegend um den Bauchnabel. Langsam färbte sich das Marzipan grau durch die Wärme ihrer Haut – nur der rote

Ring des Purpurmantels blieb immer gleich, änderte seine Farbe nicht. Sie ließ diese Scheibe auf ihrer Handfläche liegen, bis auch das letzte Zipfelchen dieser Purpurfüllung grau geworden war, dann streckte sie die Zunge heraus, leckte über dieses nach Mottenkugeln riechende Marzipan, schloß die Augen und spürte der Süße nach, wie sie auf der Zunge zerging.

Wieder die Uhr. Aber der Alte schlief weiter. Sie atmete auf, schloß behutsam den Schrank.

Irgendwo muß etwas zu finden sein, dachte sie, während sie die Stufen der Bodentreppe leicht nachgeben fühlte unter ihren Tritten. Je höher sie kam auf dieser Treppe, desto heller wurde es, bis sie schließlich oben auf dem Boden sah, wie Sonnenbündel durchs Fenster stachen, den Boden suchten. In diesen Strahlen wirbelten die Staubkörner, die Lisa beim Gehen vom Boden riß.

Hinten, direkt unter dem Fenster, stand etwas, Kisten vielleicht, genau konnte sie es nicht erkennen, denn über alles war eine Plastikplane gezogen. Alles schien fein säuberlich übereinandergeschichtet, nicht einfach nur hingestellt wie früher die Schränke, Kisten und Dosenberge, zwischen denen sie mit Thomas immer gespielt hatte. Oft hatten sie hier aneinandergelehnt als Kinder, und Thomas hatte ihr erzählt von seinen Fahrten auf die Baustellen des Großvaters, den Besuchen in der Klosterkirche schräg gegenüber.

Wie hatte Lisa ihm diese Fahrten geneidet, hätte der Großvater doch sie mitgenommen! Aber der winkte immer nur ab. So war ihr damals nichts anderes geblieben, als hier zu liegen, in den Himmel zu starren und auf Thomas zu warten, daß er endlich zurückkäme von diesen Fahrten und ihr erzähle vom Haupt des Märtyrers Felix, den vier Leibern der Heiligen Jungfrauen im Reliquienschrein der Klosterkirche.

Unter Reliquienschrein hatte sie sich nichts vorstellen können, hatte immer nur an Kaugummiautomaten gedacht, in denen sie oben Kostbarkeiten sah, die unten herauskamen. Irgendwann, hatte sie sich vorgestellt, habe es die Mönche – bei aller Ehrfurcht vor Gott, die man auch ihr als Kind beigebracht hatte – überkommen müssen, den Schrein zu öffnen und die Kostbarkeiten herauszunehmen. Thomas tippte sich an die Stirn, wenn sie das sagte, schließlich hatte er den Schrein gesehen, es war nichts Besonderes daran. Er mochte diese Fantasien nicht, die sie da spann, kramte lieber in Kisten und Schränken und breitete alles vor sich auf dem Boden aus.

Lisa ging hinüber zum Fenster, versuchte, die Kisten unter der Plane hervorzuziehen, aber es gelang ihr nicht, weil sie fast bis zum Boden reichte und an den Ecken zusammengetackert war.

Sie hätte die Tacker aufreißen, die Plane mit einer Schere zerschneiden müssen, aber sie hatte keine Schere dabei, nicht mal einen spitzen Gegenstand. Zur Tante nach unten hätte sie gehen, sie nach einer Schere fragen können, aber das wollte sie nicht – was, wenn ihr die Tante verbieten würde, hier oben zu wühlen?

So packte sie mit den Händen zu, stemmte den Fuß gegen eine Kistenwand, warf sich mit ihrem Körpergewicht nach hinten, bis die Plane sich langsam dehnte, die Tacker abrissen und sie die erste Kiste nach vorne wuchten konnte. Unter Holzwolle, zerknittertem Seidenpapier fand sie Maria und Josef, das Jesulein aus Gips, den Hirten mit dem abgebrochenen Fuß. Lisa lächelte. Ihn hatte sie immer am liebsten gemocht, trotz seines abgebrochenen Fußes – man mußte ihn an einen Stein lehnen, damit er nicht umfiel. Jetzt war seine Nase weiß.

Eine Figur nach der anderen nahm sie aus der Kiste, baute sie vor sich auf in der gewohnten Reihenfolge: hinten rechts die drei Könige aus dem Morgenland, den schwarzen ein bißchen weiter nach hinten, den Stern aufs Dach, vorn Schafe und Schäfer, dazwischen das Kind.

Unter den Figuren fand sie das irische Moos – mit ein bißchen Wasser beträufelt quoll es auf, hatte jedes Jahr wieder in dem Krippenaufbau unter dem Weihnachtsbaum der Großeltern den roten Schlauch versteckt, der den Springbrunnen neben der Krippe mit dem Wasserkran verband.

Zwischen Lisas Fingern bröselte das Moos.

Der Schlauch – zusammengerollt lag er auf dem Kistenboden. Sie zog ihn hervor, spannte ihn zwischen ihren ausgebreiteten Armen – war er damals nicht ein ganzes Ende länger gewesen?

Sie trug ihn hinüber zum Wasserkran, stülpte ihn über das Leitungsende, drehte den Hahn auf, wartete begierig, daß das Wasser aus ihm hervorspränge. Nur die Klammer am Schlauch, mit der man die Höhe des Springbrunnenstrahls vor der Krippe hatte regulieren können, fand sie nicht. Immer war es das Vorrecht des Bruders gewesen, diese Klammer am Schlauch hin- und herzuschieben, mehr oder weniger auseinanderzubiegen oder zusammenzudrücken, sie durfte nur danebenstehen und zusehen, wie seine Finger, dieses Vorrecht auskostend, immer wieder mit dieser Klammer hantierten.

Während der Brunnen neben der Krippe plätscherte, die Kerzen am Baum brannten, sagten die Kinder – mit gewaschenen Händen, Lisa mit fein gebügelten blaßrosa Schleifen im Haar – von einem Fuß auf den anderen tretend ihre Gedichte auf. Thomas bekam nie einen roten Kopf, wenn er aufsagte vom Mann, der drauß vom Walde kommt, in dem es schon sehr weihnachtet, und allüberall auf den Tannenspitzen goldne Lichtlein blitzen, stockte nicht ein einziges Mal. Die Eltern faßten sich an den Händen und lächelten, wenn er Omas feuchte Küsse in Empfang nahm, ohne sich über die Backe zu wischen, wenn Opa sein Haar streichelte und von seinem guten Jungen sprach und Lisa einen Knicks machte und laut Danke für die Geschenke sagte.

Sie schrak zusammen, mit den Füßen stand sie in einer Wasserlache, die sich vorgeschoben hatte bis zu den von Planen abgedeckten Kisten unter dem Fenster. Wasser abdrehen, Schlauch fallenlassen, hoffentlich ist nichts beschädigt! Hastig zog sie die Kisten aufs Trockene, begann, ein Teil nach dem anderen herauszunehmen, die Kanten zu befühlen. Gottseidank, alles noch heil. Nur unten auf dem Kistenboden ein Album, der Deckel verquollen, einzelne Fotos. Mit ihrem Schal versucht sie, die Fotos zu retten, wischte über „Für Ernst von Paula, Dezember 1939". Lisa blätterte weiter: ein Pfau im Zoo, Straßenschluchten, Oma und Opa auf der Bank und im Garten, Oma an der Punpe, Opa mit der Harke, vor den Rosen, daneben ein Kind im Matrosenanzug. Zwei Frauen beim Menschärgeredichnicht. Zwei junge Männer mit aufgekrempelten Hemdsärmeln, Schifferklavieren, Zigarette im Mundwinkel. Wieder lachende Mädchen. Auf der nächsten Seite ein Kind in BDM-Uniform. Dann: UNSER MARSCH NACH SÜDMÄHREN, sorgfältig geschrieben mit weißem Stift, darunter der Ausschnitt einer Landkarte, wieder mit weißem Stift gezeichnet, eine Marschroute, in der linken unteren Ecke ein Freifahrtsignal, ein Zug unter Volldampf. Auf der nächsten Seite wieder ein Foto, ein Vater in Uniform, daneben ein Kind, ebenfalls in Uniform, im Hintergrund der Großvater – mit Pelzkragen und verklärtem Blick –, der Vater lächelte, der Sohn schaute ernst. Das Bild irritierte Lisa, besonders die Uniform des Kleinen. Sie ähnelte der des Vaters aufs Haar, nur daß sie eben viel kleiner war.

Fremde Landschaften, ein schneebedeckter Winterwald, lachende Soldaten vor einer Kirche. Wieder die Familie, zu Hause, im Badeanzug: Marschalltag, ein umgefallener Panzer, Bergungsfahrzeuge, Fasching im Feld. Hinten fand sie ein Faltblatt, an den Rändern vergilbt: Nach fast einjährigem Kriegseinsatz fand bei heftigen Kämpfen um Stalingrad in unerschütterlichem Glauben an den Endsieg unser geliebter, hoffnungsvoller, sonniger Sohn, Bruder und Ehemann Ernst Sauer den Tod.

Sie konnte sich nicht erinnern, daß je geredet worden wäre von einem Ernst Sauer.

Wieder blätterte sie zurück. Auf einigen Seiten fehlten Fotos, nur weiße Flecken, wo Bilder geklebt haben mußten, Paula stand in Schönschrift darunter. Lisa sah durchs Fenster, auf das Tal, den Fluß, die weichauslaufenden Hügel mit ihren sanften, kaum merklichen Übergängen, das matte Grün der Nadelwälder, umgeben von der Palette des Herbstes im Laub, das aufreizende Grün der angrenzenden Weiden, signalfarben schimmerten sie im Dämmerlicht. Mittendrin hockte das Kloster. Wer war Paula?

„Ja, so ist das Leben, die einem kommen, die anderen gehen“, sagte die Tante, lehnte sich behaglich auf ihrem Küchenstuhl zurück. Lisa knabberte an einem Keks, lächelte sie an. Mit der Hand strich die Tante das Tischtuch glatt, extra für Lisa hatte sie es aufgelegt.

„Wer ist Paula?“ fragte Lisa unvermittelt.

Die Tante horchte auf, griff nach dem Saum des Tischtuches, ließ die Fransen durch die Finger gleiten.

„Und Ernst Sauer?"

Noch tiefer sanken die Lider der Tante, die Hände griffen sich gegenseitig.

„Ach Paula."

Schulterzucken, ein schneller Blick aus dem Augenwinkel, Mund verschließen.

„Wieso ach Paula?"

Nochmal Schulterheben.

„Das sind so Geschichten."

„Was für Geschichten?"

Wieder strichdie Gartenhand der Tante das Tischtuch glatt. Lisa hörte, wie die Hornspliffchen, hart geworden vom Wühlen in der Erde, sich in den Fasern verhakten, ein leichtes Kratzen in den Raum sprengten. Da drehte sich die Tante um, ließ Wasser einlaufen für den Abwasch, sagte ins Becken hinein: „Irgendwie paßte sie nicht in unsere Familie."

„Warum?"

Schulterzucken, ohne die Hände aus dem Spülwasser zu nehmen. „So vornehm. Mußte unbedingt zurück nach Berlin nach dem Tod von Ernst, ist dann einfach im Haus geblieben beim nächsten Bombenangriff."

Sie seufzte in den Topf, scheuerte an den Essensresten, drehte sich plötzlich die Hand in die Hüfte stemmend zu Lisa um: „Niemand darf Hand an sich legen."

Sie griff nach Lisas Tasse, setzte sie aufs Wasser, ließ sie einen Moment hin- und herschaukeln, bevor sie sie mit geübtem Griff nach unten drückte.

„Nicht daß du jetzt gehen sollst, es ist nur, Wilhelm kommt gleich, da muß das Essen auf dem Tisch stehen."

Jetzt ließ Lisa die Fransen des Tischtuches durch die Finger gleiten, fragte mit gesenktem Blick nach dem Kloster, den Menschen, die durchs Dorf geführt wurden.

„Ach die", sagte die Tante, schlickerte das Wasser von den Fingern.

Lisa ging zum Fenster, schaute auf die Klostermauer auf der anderen Straßenseite.

„Was wurde aus ihnen?"

Da rief der Alte von oben. „Martha", rief er, „Martha."

Hastig verließ die Tante die Küche. Als Lisa sich umdrehte, sah sie die Küchenbank mit den braungelb karierten Kissen, auf denen sie früher oft gesessen hatte. Über dieser Küchenbank hing das Kloster im Frühling. Der Großvater hatte es gemalt, immer wieder, im Winter, wenn die Maler in der Werkstatt Schlechtwetter machten, auf die Frühlingssonne warteten. Sie liebte es, neben ihm zu stehen oder im Sessel zu sitzen und zu beobachten, wie auf seiner Leinwand das Kloster im Frühling wuchs – immer wieder das Kloster. Genüßlich sog sie den Geruch der Farben ein, die er auf seiner Palette mischte zu sonnigem Grün und himmlischem Blau, und wenn er sie anlächelte zwischendurch, spürte sie ein wohliges Kribbeln im Nacken. Je öfter er lächelte, desto weiter floß dieses wohlige Gefühl in sie hinein, griff nach den Haarwurzeln, den Schultern, dem Bauch, den Schenkeln. Manchmal, wenn er sehr gute Laune hatte, durfte sie sich an sein Bein lehnen und dann schloß sie die Augen und horchte auf die Muskeln, wie sie sich hin- und herschoben unter dem Stoff. Nach kurzer Zeit tippte er ihr auf den Scheitel mit seiner Pinselspitze.

„Gefällt es dir?"

Da öffnete sie die Augen, sah zu ihm auf, wie er lächelte, nickte und lächelte ebenfalls, und er trat zurück, zog die Augenbrauen zusammen, betrachtete sein Werk aus der Entfernung, kam wieder vor zur Leinwand, tupfte hier und da, stzte feine weißblaue Striche in den Frühlingshimmel, manchmal einen Hauch rosa über den Horizont.

Was hatte sie von diesem Kloster gekannt außer diesem immer wiederkehrenden Bild?

Hohe Mauern. Glasscherben, einzementiert auf den Mauerkronen. Rohe, unbehauene Steine, zusammengefügt mit grobem Mörtel. Verschlossene Pforten. Glockengeläut am Sonntagmorgen. Auch während Lisas Kindheit hatte niemand sich heranwagen sollen an dieses Kloster und bei ihren Kindern achteten die Dörfler streng darauf, daß dieses Verbot auch eingehalten wurde. Nur einmal im Jahr durfte Lisa hinter diese Mauern schauen, im Frühjahr, während der Pflanzzeit, denn dann ging die Mutter dort Jungpflanzen kaufen, welche die Mädchen, die solange Lisa sich erinnern konnte, dort wohnten, in der Klostergärtnerei gezogen hatten, und Lisa durfte mitgehen.

Sie läuteten an der Pforte und Lisa wartete auf diesen auf Kies knirschenden Schritt, der sich bald nähern würde. Er gehörte zu diesen Mädchen, die graue, hochgeschlossene Kleider trugen, leicht aufgedunsen waren und sehr schweigsam. Niemals hätte Lisa gewagt, sich ihnen ohne die Mutter zu nähern.

Die Mädchen führten sie wie selbstverständlich zu den Gewächshüusern hinter der Kirche, die Mutter suchte die Pflanzen aus, natürlich nur die kräftigsten und schönsten, und Lisa sah auf die Hände der Mädchen, wie sie den Boden lockerten, vorsichtig die Wurzeln nach oben zogen, die Pflanzen einschlugen in Zeitungspapier. Sie roch die frische Erde an ihren Händen, wenn sie die Päckchen zur Mutter herüberreichten. Nie hatte sie die Mutter ein Wort sagen hören zu diesen Mädchen, das über den Kauf dieser Pflanzen hinausgegangen wäre, sie legte ihnen nur das Geld in die Hand, abgezählte natürlich. Damit sie nie in die Versuchung käme, dieses Kloster zu betreten? Vormittags ratterten Leiterwagen durchs Dorf, brachten die Mädchen zur Arbeit auf die nahen Felder. Die Dörfler steckten die Köpfe zusammen, tuschelten miteinander, warfen sich vielsagende Blicke zu und Lisa hörte, daß schon recht sei, was mit den Mädchen im Kloster passiere, schließlich seien sie selbst schuld. Die Alten nahmen die Pfeifen aus dem Mund, klapperten mit den Stöcken auf dem Pflaster, drohten den Kindern, sie zu den Mädchen zu stecken, wenn sie nicht artig seien, und Lisa verschnürte es den Mund, daß sie sich nicht traute, zu fragen, was denn nun wirklich los sei mit den Mädchen. Bald darauf war sie mit den Eltern und dem Bruder weggezogen, hatte das Kloster vergessen, obwohls es seitdem auch über dem Eßtisch der Eltern hing.

„Fährst du heute noch zurück?“ fragte die Tante, nachdem sie von oben gekommen war.

„Nein“, hörte Lisa sich sagen.

Wieso nein? Warum hätte sie bleiben sollen? Ihr Versuch, den Großvater in die Klasse einzuladen, würde auch morgen nicht glücken.

Vielleicht könnte sie auf Tonband aufnehmen, was die Schüler wissen sollten? Aber dann konnten sie keine Fragen stellen an ihn – und gerade das war es doch, was Lisa wollte: FRagen stellen.

„Kannst oben schlafen“, sagte die Tante nicht sehr erfreut, „neben dem Alten, kennst dich ja aus.“

Lisa saß auf ihrem Bett in ihrem alten Zimmer, hatte den Kopf gegen die Wand gelehnt, mit der Zeit begann der Nacken zu schmerzen, aber sie rührte sich nicht. Das Zimmer lag im Dunkeln, nur das Viereck des Fensters gab den Blick frei auf das nächtliche Kloster, einen Himmel, an dem der Mond hing. Zerknittert sah er aus, hellere und dunklere Teile schoben sich unregelmäßig ineinander. Ab und zu griff das Licht eines Autoscheinwerfers auf die Wand, schob den Mond beiseite. Drüben hörte sie die Uhr des Großvaters.

Sie ging ins Bad, verteilte Reinigungsmilch auf ihrem Gesicht, sah sich im Spiegel: unter weißen, kreisförmigen Milchspuren schimmerte die Haut. In einer Festschrift des Dorfes hatte sie gelesen, zwischen 1927 und 1933 habe man Malereireste aus dem 16.Jahrhundert freigelegt, ob das der Großvater gewesen war? Ob er in der Klosterkirche gewesen war zwischen 33 und 45, Rosetten aufgefrischt, den Mantel der Maria auf dem Altarbild nachgemalt, das Jesulein wieder hatte lächeln lassen? Sie hatte die Mädchen gesehen in ihren grauen, hochgeschlossenen Kleidern. Im Spiegel sah sie ihre geröteten Augen, die geschwollenen Lider, versuchte, sich anzulächeln, sah aber nur ihre schiefen Zähne.

Sie drückte den Urin in die Schüssel, griff nach dem Pappier. Weich und anschmiegsam war es, gelb mit braunen Blümchen bedruckt, nicht wie damals die Zeitungsfetzen in der Werkstatt des Großvaters, die, auf einen Nagel gespießt, in diesem ekelhaft kalten, stinkigen Locus hingen, der nur durch eine Brettertür von der Werkstatt getrennt war, wo jeder hören konnte, was der andere tat. Was hatten die Maler damals gedacht, während sie auf dem Locus saßen – mit diesen Häftlingen im Dorf? Vielleicht waren ihnen die Klostermauern genauso hoch erschienen wie Lisa, wenn sie davorgestanden hatte als Kind?

Hatten sie Angst gehabt, sich dem Kloster zu nähern, wo die Dörfler sich vielleicht auch damals Blikke zuwarfen, wenn die Häftlinge durchs Dorf geführt wurden, die Alten ihre Pfeifen aus dem Mund nahmen, mit den Stöcken auf dem Pflaster klapperten? Waren diese Maler damals mit dem Fingernagel unter die vielen Farbschichten gefahren, die vom jahrzehntelangen Pinselausstreichen auf der Locuswand lagen, hatten einen Placken vom anderen gelöst, rot von blau, grün von gelb, braun von schwarz? Waren sie auf Schichten gestoßen, die so ineinandergeflossen waren, daß sie sich nicht mehr voneinander lösen ließen? Hatte Lisa in ihrer Kindheit nicht die aufgedunsenen Gesichter der Mädchen gesehen? Die Scherben auf den Mauerkronen? Die Leiterwagen, auf denen die Mädchen vorbeigefahren wurden? Sie flüchtete ins Bett, zog die Decke bis zum Kinn, wann würden die Augen endlich schwer. Im Keller sprang die Heizung an, tobte bollernd durch die Stille – zugesehen hatte sie, wie der Großvater das Kloster malte, immer wieder. Hatte sich an sein Bein gelehnt, hatte die Sonne gesehen, wie sie blitzte in den Mauerscherben – sich gleichzeitig gefürchtet vor diesen Mädchen. Wie sie auf den Leiterwagen gesessen hatten.

Ihre Lider brannten, in der Nase gefroren die Härchen, standen starr zur Seite, obwohl die Heizung noch immer tobte. Noch höher zog sie die Decke, ihr Herz klopfte im Ohr, die Luft flirrte in der Dunkelheit. Plötzlich wuchsen Bäume aus dem Boden im Flur, Sträucher, ein Tisch, eine Silberdistel direkt vor ihren Füßen. Ein scharfer Knall, die Wand splitterte, zuckte, fiel in sich zusammen, herein preschte die Sonne, stoppte in der Mitte des Flures, sortierte ihre Strahlen, warf ein Bündel zu Lisa hin. Die fing sie auf, aber kaum hatte sie sie berührt, verwandelten sie sich in Schlangen, die ihr zischelnd über die Arme krochen, nach ihrem Schweiß gierten mit ihren Zungen, ihre Haut kitzelten mit rießigen Zähnen. verbarg ihren Hals, holte das Herz aus dem Ohr, versteckte es zwischen ihren Beinen und trat in die Silberdistel. Da knallte es zum zweiten Mal, und aus der Wand schossen schwarzmäulige Schläuche, hängten sich saugnäpfig an die Schlangen auf Lisas Arman, wanden ihr Gummi um die Schlangenleiber, berflochten sich zu einem wirren Knäuel, wälzten sich am Boden, rollten laut polternd über den Flur. Lisa sprang auf den Tisch, suchte Halt, fiel mit den Händen zur Wand. In dem Moment aber, in dem ihre Hände die Wand berührten, sprang eine Klappe auf und ein schwarzmäuliger Schlauch, größer und dicker als alle anderen, bohrte sich in ihren Leib. Es drückte sie zu Boden und etwas floß in sie, sie hörte es glucksen, es breitete sich aus, füllte den Leib, bis er gespannt war zum zerspringen. Am Hals gab etwas nach, Dickflüssiges sprudelte heraus, schwappte ihr von hinten über den Kopf, begrub ihre Haare unter sich, warf sich ihr schleierhaft vor die Augen.

„Nein!“

„Lisa“, hörte sie eine Stimme, hohl und kratzig, wie durch einen Schlauch, „Lisa.“

An ihrem Bett saß der Großvater. Sein Bademantel stand offen, aus dem Ärmel kam eine faltige Hand, legte sich beruhigend auf die ihre. Lisa sackte zurück, atmete erleichtert aus, lehnte sich gegen den alten Mann. Unter dem Bademantel spürte sie, wie er zitterte. Schweigend sahen sie sich an, er lächelte, sie lächelte zurück und von seinen Augenwinkeln zogen sich Falten sternförmig bis auf die rotgeäderten Wangen. Immer noch lehnte sie an ihm, ließ die Hand auf die Bettdecke fallen.

„Hab ich geschrien im Schlaf?"

Er nickte, tätschelte immer noch die Hand.

„Wie kommst du überhaupt hierher?"

Lisa sah, wie sein Körper stärker zu zittern begann, hörte ihn „mir wird so schwummrig" sagen, stieg aus dem Bett, führte ihn hinüber in sein Zimmer, setzte ihn in den Ohrensessel neben der Uhr.

„Wie kommst du her?" fragte er wieder.

Wie er dasaß, die hageren Hände auf den Sessellehnen.

Lisa lächelte ihn an, holte eine Decke, wickelte sie ihm um die Beine.

„Ich wollte dich besuchen, aber du hast geschlafen, da bin ich geblieben."

Wieder griff er nach ihrer Hand, zog sie zu sich auf die Sessellehne. Für eine Weile saßen sie, ohne ein Wort zu sagen, nur eine Fliege verjagte Lisa immer wieder, die sich auf ihn setzte. Dann ging sie Tee kochen. Aus der Küche hörte sie, wie er hin- und herschlurfte im Zimmer, Schubladen aufzog, wieder schloß.

Beim Teeeinschenken sah sie, was er gesucht hatte: sein Taschenmesser, Stecknadeln, einen Flaschenkorken. Wieder verjagte sie die Fliege, die hartnäckig blieb, und sah, wie er immer wieder versuchte, sein Taschenmesser aufzuklappen. Aber seine Finger zitterten so, daß die Klinge zurückschnappte.

„Gib her", sagte sie; winkte ihm mit der Hand, griff nach dem Taschenmesser, zog die Klinge bis zum Anschlag, reichte es ihm hinüber. Unbeholfen begann er, auf der Längsseite des Flaschenkorkens ein Viereck aufzuritzen, die Korkflöckchen innerhalb dieses Vierecks zu entfernen, den Korken auszuhöhlen.

„Was tust du?“ fragte Lisa, nachdem sie ihm eine Weile zugesehen hatte. Er antwortete nicht, schob nur das Stecknadelkästchen über den Tisch.

„Such mir die mit den Glasköpfen, meine Augen sind so schlecht.“

Sie öffnete die Schachtel, suchte mit dem Finger in den Nadeln herum, entschloß sich schließlich für die mit den roten Köpfen, reichte sie ihm hinüber. Er nahm sie und legte sie vor sich aufs Tischtuch, eine neben der anderen.

„Das sind die besten“, sagte er, „abgebrochene Nähnadeln.“

Je mehr solcher Nadeln er vor sich hinschob, desto weniger zitterten seine Hände.

„Was hast du vor?“ fragte Lisa wieder, wieder antwortete er nicht, rollte nur die Schulter nach vorne und wie er das ansetzte, den Arm von unten nach oben stieß, ihn für Sekundenbruchteile am höchsten Punkt stehenließ – das war alles andere als schwach und hinfällig. Lisa sah, wie seine Zunge zwischen die Lippen sprang, während er eine Nadel nach der anderen vom Tischtuch nahm und so von oben durch den Korken schob, daß sich vor dem Loch, das seine eben noch zittrigen Finger gewühlt hatten, ein Gitter bildete.

„Nein“, hörte sie aus ihrem Bauch, „nein“.

Er aber wurde immer eifriger, die zunge schwang hin und her, bis das Gitter fast geschlossen, nur in der Mitte noch ein etwas breiterer Durchlaß blieb.

„Nein“, hörte Lisa wieder, aber sie saß starr und er bedeutete ihr, still zu sein, bemerkte ihre Starre nicht, und wie er sich zurechtsetzte, war dieser Körper plötzlich straff gespannt. Dann bog er den Kopf nach hinten, schob die Augen nach oben, daß seine Pupillen für Lisa zu Halb-, ja Viertelmonden wurden. Hin- und hergleiten sah sie diese Viertelmonde, den Flug der Fliege um die Lampe beobachten. Setzte sie sich nieder, schoben sich die Augenbrauen zur Nasenwurzel, bildeten eine fast waagrechte Linie in diesem Gesicht, das noch vor kurzem so eingefallen gewirkt hatte. Setzte sie ihren Flug fort, begannen die Viertelmonde erneut, hin- und herzuwandern. Da zuckte sein Zeigefinger, der Arm schnellte zurück, die Hand flog in die Luft der Lampe entgegen – blitzschnell war die Fliege in der Hand verschwunden.

Lächelnd stand er da, hielt die geschlossene Faust an sein Ohr, blickte hinauf zur Lampe, die leise hin- und herschwang. Dann nahm er die Faust vors Gesicht, öffnete sie einen winzigen Fingerbreit, gerade so, daß er mit Daumen und Zeigefinger hineinfahren konnte, tastete herum. Schließlich öffnete er die Faust, hielt die Fliege an den Flügeln gegen das Licht. Lisa sah sie zappeln – und er lächelte triumphierend zu ihr hinüber.

„Siehst du, ich kanm's noch."

Da riß etwas in ihr.

Zuschlagen, brüllte es, zuschlagen – und sie beugte sich weit über den Tisch, starrte in seine Augen. „Laß sie raus!"

Sein Lächeln verschwand. Zwischen den Augen bildete sich eine Falte. „Laß sie raus!"

Wieder rollte diese Schulter, und die Finger schoben die Fliege in den Käfig, verriegelten blitzschnell den letzten Durchlaß mit der letzten Nadel.

„Morgen", hörte sie seine Stimme, kratzig und hohl, „morgen, heute soll sie mir Gesellschaft leisten."

Da sank sie in ihren Sessel. Schlug nicht zu, alles ist immer noch da – nur der Weihnachtsmann, der ist gegessen.

Harry Oberländer
Augenblick der Trauer
Fragment

Wenn wir leben, leben wir mehr oder weniger gedankenlos, wir können überhaupt nur leben, weil wir nicht unausgesetzt nachdenken, aber damals dachte ich ständig nach, tagelang verließ ich die Wohnung nicht mehr. Nur für einen Satz, für ein paar Worte lief ich ständig hin und her, vom Bücherregal ins Wohnzimmer, vom Wohnzimmer in die Küche und mit dem Kaffee zurück an den Schreibtisch, ich saß in wachsender Spannung vor dem leeren Blatt und schrieb Wörter auf wie *Galgenhumor*, Wörter wie *Gas* oder *Rampe*. Einmal sprang ich auf, warf den Mantel über, setzte den traurigen Hut auf und lief auf die Straße hinunter, unter dem Vorwand, Briefmarken zu brauchen, ins nächste Postamt. Dort kehrte ich mit dem Gefühl wieder um, bald gar nicht mehr vorhanden zu sein und lief weiter, geriet in den Zoo und beim Anblick der Tiere im Käfig verfiel ich in tiefe Niedergeschlagenheit.

Ich bin es ja nicht, sagte ich mir, der einen Juden denunziert hat, der dabei war, als sie die Juden abgeholt haben, ich habe nicht mitgemacht, ich habe nicht danebengestanden, warum muß ich mir ständig Gedanken dazu machen, ich hätte Habek heute morgen davon erzählen können, Habek, hätte ich sagen müssen, ich habe mich über die Juden geärgert, die Juden können nicht einfach ein Stück verhindern, nur weil es den Juden so paßt und weil die Juden wissen, daß niemand die Polizei rufen wird, aber ich habe es nicht gesagt, sondern bin mit Habek im Museum für Kunsthandwerk herumgelaufen und habe mir von Habek erläutern lassen, wie man im Museum für Kunsthandwerk Dichterlesungen durchführen könnte, denn das Museum für Kunsthandwerk, so Habek, biete sich mit seiner Ausstellung für Lesemöbel geradezu für Dichterlesungen an, es könne sogar, sagte Habek, eine literarische Führung durch die Ausstellung werden, das Publikum werde gleich am Eingang von Musik erwartet und dann von einer Art literarischem Epochenführer zu den Dichtern geleitet, die an den jeweiligen Lesemöbeln die jeweiligen Texte vorlesen würden, also zu den Barockmöbeln Gryphius und Günther und natürlich Goethe in einer Diwanszene, die Moderne schließlich als Höhepunkt der Inszenierung werde er, sagte Habek, als er mich erbarmungslos durch das Museum für Kunsthandwerk hetzte, als Zeit des Stimmengewirrs inszenieren, alles über diverse Lautsprecher und zwar Texte von Beckett, Benn, Brecht. Habek, hätte ich sagen müssen, das ist ja alles ganz gut und schön, aber mir geht die Bodenspekulation von damals im Kopf herum, ich kann mich nicht mit deinen Museumsprojekten beschäftigen, mir fällt dazu nichts ein, ich meine, Habek, hätte ich sagen müssen, ich habe allmählich das Gefühl, ich werde mit meinem Leben nicht mehr richtig fertig, ich müßte an meinem Text arbeiten, aber ich komme überhaupt nicht mit meinem Text voran, ich bin doch damals auf die Straße gegangen und habe demonstriert, ich bin damals aus einem Haus herausgeflogen, weil es abgerissen werden sollte, irgendwer hat es gekauft, um es abreißen zu lassen, was weiß ich, ob der ein Jude war, aber Juden waren eben auch dabei, Juden haben auch Häuser gekauft und sie abreißen lassen und haben dabei mit den Banken zusammengearbeitet und mit den Politikern zusammengearbeitet und sind doch alle froh, Habek, daß nicht mehr darüber geredet wird, wo jetzt in dieser Republik eine Schmiergeldaffäre nach der anderen zu stinken anfängt, und das, Habek, hätte ich sagen müssen, soll jetzt plötzlich Antisemitismus sein. Aber ich habe nichts zu Habek gesagt, sondern mir überlegt, dies alles zum Thema eines Referats zu machen, weil ich ein Referat über das Thema Politik und Postmoderne halten sollte, zwar nur zehn Minuten lang, aber dafür sehr dicht, wie der Veranstalter gebeten hatte. Ich bin doch nicht der Antisemit, hätte ich sagen sollen, wenn ich behaupte, die Juden sind keine besseren Menschen als andere, wenn sie reich sind, sind es reiche Juden und wenn sie heimtückisch sind, sind es heimtückische Juden, wenn sie arm sind, sind es arme Juden, wenn sie keinen Erfolg haben, sind es erfolglose Juden, wenn sie stechen, fließt Blut und wenn sie gestochen werden auch. Ich bin doch nicht mit vierzig Milliarden auf und davon privatisieren gegangen, ich habe die Zwangsarbeiter doch nicht mit ein paar Rollen Klopapier abgefunden, habe ich denn gesagt, die Juden halten die Hand auf, wenn Geld in deutschen Kassen klimpert, warum soll ich denn, Habek, hätte ich vermutlich gesagt, wenn ich geredet hätte, ausgerechnet ich ein Antisemit sein, nur weil ich für die Geschäfte und Machenschaften eines gewissen Herrn kein Verständnis habe? Nein, Habek, hätte ich sagen sollen, ich habe die Gnade einer späten Geburt nie für mich in Anspruch genommen, diesen Frohsinnanspruch einer gnadenlosen Generation. Aber weil ich nicht redete, sondern Habek, weil Habek ununterbrochen von seinen Literaturprojekten redete, kam ich nicht zu Wort, ging ich mit ununterbrochenem Nachdenken wieder in die Wohnung zurück, zurück an den Schreibtisch, zurück vor das leere Blatt, dann auf und davon und bis zu der Parkbank im Zoo, wo ich abgehetzt und der Verzweiflung nahe nur noch den Satz hervorbrachte: der Jude bin ich.

Aber das stimmt ja nicht, sagte ich mir, ich bin ja nicht der Jude, ich kann mir doch nicht einmal vorstellen, wie es ist, ein Jude zu sein. Wir hören etwas über den Krieg, aber wir können uns den Krieg nicht vorstellen, dachte ich, wir hören etwas von Massenvernichtung, aber wir können uns das nicht vorstellen, wir sind nicht gebrandmarkt worden, wir sind nicht geschlagen worden, wir sind nicht abtransportiert worden in Viehwaggons, wir sind nicht aussortiert worden an der Rampe, man hat uns die Kinder nicht weggerissen, man hat unsere Eltern nicht weggebracht, wir hören vom Gas und vom Vergasen, aber wenn wir ehrlich sind, können wir nur den Kopf schütteln, weil wir nichts verstehen und wir verstehen umso weniger, je mehr Abhandlungen wir lesen, wir lesen Bücher über Hitler und verstehen Hitler nicht, wir sehen Theaterstücke über Eichmann und verstehen Eichmann nicht, wir lesen Theorien über den Faschismus und verstehen den Faschismus nicht.

Natürlich hätte ich mir das alles längst einmal von der Seele reden müssen, sagte ich mir, nicht erst heute morgen als ich Habek traf, dann wäre ich nicht vor mir selbst in einen andauernden Rechtfertigungszustand geraten, dann hätte ich vielleicht einen Ausweg gefunden aus meinem Identitätskrisenzustand, dann hätte ich vielleicht etwas aufschreiben können über politische Literatur, dann wäre ich nicht dauernd blockiert durch die Angst, etwas Falsches zu schreiben, dann hätte ich heute morgen zu Habek sagen können, daß ich mich geirrt habe, daß ich mich nicht mehr über die Juden ärgere, die die Bühne besetzt haben, die Bodenspekulation, hätte ich zu Habek gesagt, ist die eine Sache, dieses Stück ist eine andere, denn was die Antisemiten daraus machen, haben wir gehört, diesen Bürgermeister auf seinem arischen Schrotthaufen, der noch mal kurz ein paar reiche Juden erschlagen will, dann hilft es uns nichts, wenn wir sagen, so war das nicht gemeint, denn es ist ja so verstanden worden. Habek, hätte ich gesagt, es ist gut, daß das Stück nicht gespielt wurde.

Irgendwann gehe ich ohne viel Worte auf einen Berg Schuhe zu, Kinderschuhe, denke ich, Schuhe für kleine, noch unsichere Füße, ohne Angst, ohne Erbitterung nehme ich einen Schuh in die Hand, den einzelnen Schuh eines einzelnen Kindes, das Asche wurde und Sand. Da stehe ich, den Schuh in der Hand und erlebe einen Augenblick der Trauer.

Einige Jahre danach werde ich geboren.

Zu den Autoren

Ilse Braatz, geb. 1936 in Berlin. Studium der Literaturwissenschaft. Lebt als freie Schriftstellerin in Frankfurt/M. Veröffentlichungen: *Betriebsausflug. Roman einer imaginären Reise in das Portugal von 1970* (Münster 1978). *Zu zweit allein – oder mehr? Liebe und Gesellschaft in der modernen deutschen Literatur* (Münster 1980). *Vielleicht nach Holland.* Erzählung (1982 Stroemfeld / Roter Stern). *Geschieht ein Hochzeitsfest.* Roman (1984 Stroemfeld / Roter Stern). Features, Frauenportraits und Rezensionen im Hörfunk.

Micha Brumlik, 1947 in Davos geboren, 1952 Übersiedlung nach Frankfurt. Nach dem Abitur zwei Jahre in Israel, seit 1969 Studium in Frankfurt (Pädagogik und Philosophie). Heute Professor für Pädagogik in Heidelberg.

Inga Buhmann, geb. 1940 in Hannover. Lebt als freie Schriftstellerin in Hamburg. Veröffentlichungen: *Ich habe mir eine Geschichte geschrieben* (1977 Trikont / 1983 Zweitausendeins). *Das eine und das andere* (1980 Edition Nautilus), *Makedonischer Grenzfall* (1984 Pendragon), *Geschichten um Herrn Vonderwand* (1986 Edition Nautilus).

Katharina de Fries lebt als freie Schriftstellerin in Frankreich. Veröffentlichungen: Zahlreiche Kurzgeschichten und Hörspiele. *Gestreifter Himmel* (Karin Kramer, Berlin 1983).

Ulrike Kolb, geb. 1942 in Saarbrücken. Lebt als freie Schriftstellerin in Frankfurt/M. Veröffentlichungen in Zeitschriften und Runkfunk. Außerdem: *Salto Vitale; Frauen in alternativen Projekten,* zusammen mit Jutta Stössinger (S. Fischer, 1981), *Die Rabe,* Erzählung (1984 tende), *Idas Idee,* Roman (1985 tende).

Peter Kurzeck, geb. 1943. Lebt als freier Schriftsteller in Frankfurt/M. Veröffentlichungen: *Der Nußbaum gegenüber vom Laden in dem du dein Brot kaufst,* Roman (1979 Stroemfeld / Roter Stern), *Das schwarze Buch* (1982 Stroemfeld / Roter Stern), *Kein Frühling!* (erscheint 1987 bei Stroemfeld / Roter Stern).

Nele Löw Beer, 1941 in Potsdam geboren, aufgewachsen in Ober-Österreich, später in Frankfurt/M. Studierte Deutsch und Englisch, war Mitglied im SDS, Studentenbewegung gerade noch so mitgekriegt. Heute freie Journalistin, ein Kind, verheiratet.

Harry Oberländer

Mathilde Panusz (Pseudonym)

Peggy Parnaß, Kolumnistin. Schauspielerin. Seit 1970 Konkret-Autorin. Veröffentlichungen: *Prozesse 1970 - 1978* (Zweitausendeins), *Unter die Haut* (Konkret), *Kleine Radikale Minderheit* (1985, Konkret).

Heide Platen, geb. 1946, lebt in Frankfurt/M., Redakteurin der Tageszeitung. Zahlreiche Veröffentlichungen in Tageszeitungen und Zeitschriften.

Sabine Stange, geboren 1950, Studium freie Kunst, Lehrerinnenausbildung, Arbeiten im Bereich Kinder-

und Dokumentarfilm, Veröffentlichungen in Literaturzeitschriften und Anthologien. 1985: *Eindrücke im Land – Leben auf der Insel Krk* (Fotoausstellung), *Kriegsvorbereitung im Hunsrück. Der Einfluß der Raketenstationierung auf den Alltag der Menschen* (Klartext Verlag, Essen).

Uta Steinbicker, geb. 1942 in Hildesheim. Studium der Germanistik, Publizistik und Politikwissenschaften an der FU Berlin. Vier Jahre als Lektorin beim S. Fischer Verlag. Sie lebt heute in Frankfurt und arbeitet an einer Berufsschule. Außerdem gelegentliche Arbeit als freie Autorin für Fachzeitschriften und Alternativblätter.

Brigitte Volhard, geb. 1939. Lebt in Frankfurt als selbständige Messestandgestalterin, freie Autorin und Mitglied der Theatergruppe „Frankfurter Spielfrauen". Veröffentlichungen von Gedichten und Kurzgeschichten in Zeitschriften und Anthologien. *Die Riesin – Geschichten von einer die auszog Schrekken zu verbreiten* (tende 1984).

J. Monika Walther, 1945 in Leipzig geboren. Lebt als freie Schriftstellerin in Dülmen und Frankfurt. Veröffentlichungen: *Ein paar Dinge, von denen ich weiß* (zusammen mit Jörg Burkhard und Harry Oberländer), *Verlorene Träume – Geschichten nach dem Hochzeitslied* (dtv 1984), *Die Traurigkeit nach dem Singen,* Roman (1982 tende). Herausgeberin der im tende Verlag erschienenen Lesebücher *Diese Alltage überleben 1945-1984* (1982), *Lesebuch Zukunft 1984-2001* (1984) und *Panik* (1984). Zahlreiche Hörspiele und Theaterstücke.

Hubert Winkels, geb. 1955 in Gohr. Lebt in Düsseldorf. Er ist Chefredakteur des Magazins „Überblick“, hat zusammen mit Ulrike Hanraths *Tanz-Legenden, Essays zu Pina Bauschs Wuppertaler Tanztheater* herausgegeben (tende 1983) und zusammen mit Jochen Hörisch Essays *Zum Altern der neuesten Literatur* (Claassen). Außerdem erschien von ihm *Liebesexpress, Ein Kontaktanzeigenreigen,* short stories (Rowohlt 1985). Im Frühjahr 1986 erscheint die von ihm herausgegebene Anthologie *Aus* (Kiepenheuer & Witsch).

Hermine Zangerl (Pseudonym)

Gisela Zies, 1939 in Herzberg/Harz geboren, aufgewachsen in Northeim/Niedersachsen. Schauspielausbildung; Studium der Kunstpädagogik. Arbeitete als Schauspielerin, Regieassistentin, Lehrerin und Lektorin. Seit 1970 in Berlin, heute als freie Schriftstellerin. Veröffentlichungen: *Drei Stücke,* Berlin 1976. *Die Schlange aber,* Schauspiel, Berlin 1977. *Stilleben,* Schauspiel, Berlin 1978. *Niederzeit, Erzählung in 33 Bildern,* Frankfurt 1979 (in: Frauen, die pfeifen), *Siebenjahr,* Novelle (tende 1981). Zahlreiche Veröffentlichungen in Zeitschriften und Anthologien.

Lesebuch Zukunft 1984 - 2001
herausgegeben von J. Monika Walther

„Die Texte entzünden Phantasie und Widerspruch, geben zu bedenken, fordern heraus. Man braucht Zeit zum Lesen. Da trifft man auf Bekanntes von Ilse Aichinger und Ingeborg Bachmann, von Christoph Meckel und Peter Weiss. Da sind aber auch ganz neue Geschichten von Ilse Bindseil, Frank Göhre, Margot Schroeder und vielen anderen. Herausgeberin J. Monika Walther hat Gedichte und Geschichten, Bilder und Zitate zusammengetragen, die in ihrer Vielfalt auch ein gutes Spektrum für gemeinsame Textarbeit und für das Gespräch in der Schule bieten." (ZEIT)
„Dieses Buch ist keine Saisaonware. Es hat Zukunft. Die Gedichte und Geschichten sind haltbar. Man wird sie auch noch im Jahre 2001 lesen. Auch dann wird von Zukunftsängsten die Rede sein. Die Schriftsteller werden nach wie vor an ihren Schreibtischen sitzen und sich – was dieses Land betrifft – Gedanken machen. Sie werden über die Grenzen hinaus Zustände beschreiben, Widerstand leisten, versuchen, mit ihren Schreibmaschinen Katastrophen aufzuhalten..."
(Lothar Reese)

Lesebuch Zukunft · herausgegeben von J. Monika Walther · 164 Seiten · DM 18,-